畑ごはん

ちいさな種とつながる台所

早川ユミ

文化出版局

土さえあれば。

　土さえあれば、種さえあれば、もしたべることがこれから、たいへんになっても、お金がなくても、なんとかなるような気がします。

　だれか遠くのひとがつくる野菜じゃなくて、みんながちいさく農業する時代になると、依存しないくらしになります。おおきな農業では農薬をつかうことで、環境をこわしていくからです。

　わたしたちのくらしは、たべること、着ること、住まうこと。おまけに旅とか、楽しみがあるとよかったんだけど、これからはこういう土とともに畑のあるくらしに根っこをはろう。ちいさな種のあるくらしを旅しようとおもっています。

　かつての家庭の台所は、みそや梅干しや大根漬けや、らっきょう漬けや、なにかしらたべものをつくるところでした。いまは、ひたすら消費するところになっています。

ここをすこし昭和な時代にもどります。かぞくみんなの手でつくると楽しいし、なにより、安心で、安全なたべものをたべることができます。お金をかけずに、手をかけると、1年分のみそや梅干し、らっきょう漬けをつくることができます。漬けものは備蓄になります。

こうした保存食があるだけで、なにかあってもだいじょうぶというおおきな平安がやってきます。そうして、こころおだやかにすごすことができます。お金では得られないもの、こういうこころもちがだいじです。

手をかけたみそや梅干しは、たいせつに保存しすぎて、冷暗所においておくとたいていあるのを忘れてしまいます。わが家では、こころ温まる手づくりのたべものは、みんなが見えるところにおいて、自由にだしてたべられるようにしておきます。みんなが見るだけでしあわせな気もちになれるのです。

たべることは、土になること。

たべることは、土になること
生きもの、民びと、すべてのちいさきものへ
これは、種や畑がおしえてくれた、自然のひみつ
永遠のちからが、万物のいのちを生かしてくれる

母なる大地、母なる土は
生きもの、すべてにはたらきかけて
いのちのためにはたらいている
みんなは、自然の永遠なるちからの循環のなかにいる
だから台所しごとは、種をまき、土をいつくしみ
みんなにおいしいをつたえること
大いなる自然にうけいれられること、そのものを
こころから楽しみましょう

わたしたちは種ごはんをたべている
お米は稲の種だし、小麦も種をひいてたべる
種ごはんがからだをつくります
種をまくことが、ごはんのはじまり、さあ、種ごはんの世界へ

早川ユミ

千円で梅を買うか梅の木を買うか

たとえば、千円で梅干しを買えばすぐに食べられます。でも、もし千円あれば梅の苗木を買うこともできます。

梅の苗木を植えて、水やりしお世話をすると、5年もすれば、やがて、たくさんの梅の実を毎年、何年にもわたって、贈りものしてくれます。

立春のころ梅の花が咲きます。甘い美しい香りを楽しみます。日本みつばちがやってきて、蜜をあつめ受粉するから梅の実成りもよくなります。また春いちばんに花をつけるので日本みつばちの蜜源にもなって、冬越ししているみつばちたちも喜びます。

今20年の月日を経て、うちでは8本の梅の木から毎年100kgくらいの実が採れるんです。

たぶん枯れなければ、孫の山象の子の代まで、ずーっと梅採りすることができます。

千円で梅干しを買うのが資本主義的なお金の経済だとしたら、梅の苗木を買って植えるのは人間的な農的経済。わたしは梅の苗木を植えて、人間的な経済を選びたいのです。

苗木を買って植え育てるのはすごく手がかかるわけですが、くらしは1日でできあがるものではなくて、毎日の繰り返し、毎日の連続のなかにあります。

また、梅干しをつくるくらしの知恵が、だれかに伝わっていくと、未来の梅干しになる可能性もあります。そこが「くらしがしごと」にとっても、だいじなことかなと思うんです。


梅干し、梅酒、梅醤のつくり方→P.124

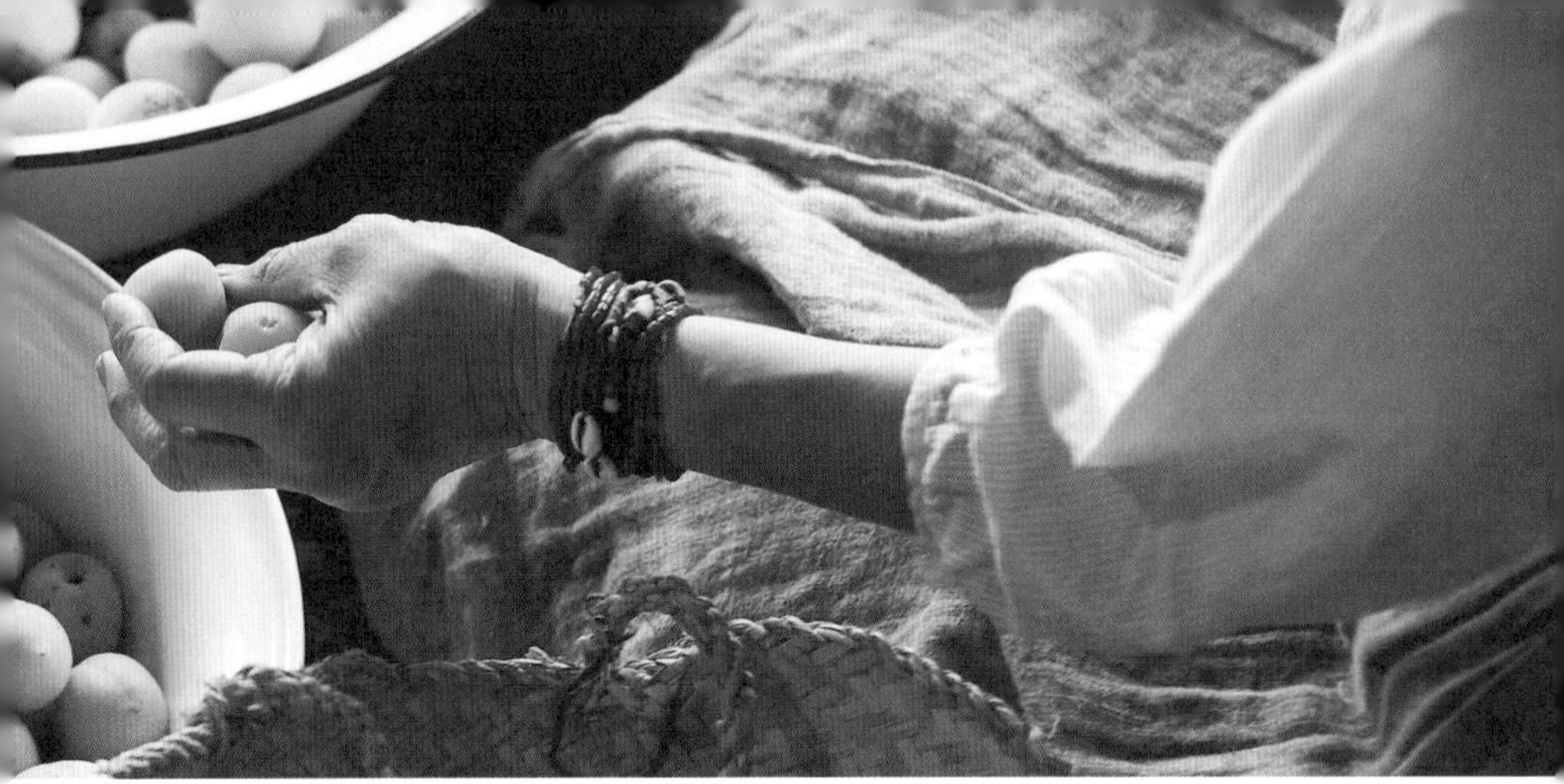

目次

本書のレシピについて

1カップ＝200cc、大さじ1＝15cc、小さじ1＝5ccのことです。

野菜などの材料は、下処理前の分量を記載しています。特に表記のない場合は、野菜類は洗って、種、根、皮、へたなどを取り除いて使用しています。

特に表記のない場合は、左記の調味料を使用しています。

・砂糖＝粗製糖
・塩＝粗塩または天日塩
・酢＝米酢
・しょうゆ＝こいくちしょうゆ
・油＝米油

オーブントースターは1250Wのものを使用しています。

※素材や調理道具により、仕上がりは多少変わってきます。状態を見て加熱時間などは調節してください。

循環する台所

畑とつながる台所では、台所からでた大根のしっぽやじゃがいもの皮は、琺瑯《ほうろう》のバケツにいれて畑の堆肥箱へいれて、やがて土の栄養となり、また野菜になってわたしの台所へもどってきます。たべのこしやピーマンのたねは、にわとりのごはんになり、たまごや鶏肉になってまた台所へもどってきます。

レシピの循環もあります。キムチをつくってたべ、キムチの琺瑯容器の底にある、さいごのお汁でチヂミやキムチ鍋（チゲ）をつくりぜんぶをすっきりとたべきります。

こういう畑やにわとりやキムチの循環がくるくるするのは、ゴミ袋にいれてどこかへ収集されてもやされたりするのではなく、おさまりがよく、とても気もちのいいことです。

循環こそは、くらしの感覚をとぎすます、ものさしです。循環している台所はすっきりとさわやかなくらし感をかもしだします。

この循環がごはんをつくるうえで、ものをつくるうえで、わたしがいちばんたいせつにしていることです。

春の畑

Spring

春はうれしい季節です。冬にはふゆるものたちが、土のなかにためこまれ増殖します。春にはすべてがはらんで、わきあがるむんむんとしたちからの勢いがあります。

白菜やブロッコリーやキャベツなどのアブラ菜科がみんな菜の花になり、日本みつばちたちがブンブン飛びまわる春がわたしは大好きです。

春の畑は花が咲きほこります。すべての野菜が花となるのです。

まず3月にじゃがいもを植えるところからはじまります。里芋、しょうが、さつまいも、夏野菜の苗つくりなど、あたたかくなる土を待って種まきにいとまがありません。そのあいまに日本みつばちの巣箱のお世話があります。5月のはじめまでには、夏野菜の苗を植えます。落花生やいんげん豆の種まきをします。

5月のおわりには紅茶をつくるために、お茶摘みがあります。そのころ、にんにくも収穫して三つ編みして保存します。

ゆみこよみ

3月

- 日本みつばちの巣箱のそうじをする
- しきびの花が咲いたらじゃがいもを植える
- 夏野菜の種まき
- 蓮の植え替え
- 春分に種まき

4月

- よもぎの若芽でよもぎだんご汁をつくる
- たけのこ掘り
- 里芋としょうがを植える
- 穀雨にいちごジャムをつくる
- 夏野菜の苗を植える

5月

- 立夏にさくらんぼを採る
- そら豆、秋まきのじゃがいもの収穫
- とうもろこし、落花生の種まき
- 玉ねぎとにんにくの収穫、三つ編みする（P.32）
- 小満にお茶摘み、紅茶をつくる
- 田植えをする

春の畑の野菜たち

菜花
ブロッコリー
カリフラワー
キャベツ
白菜
小松菜
ほうれん草
かぶ
高菜
玉ねぎ
にんにく
じゃがいも
スナップえんどう
チンゲン菜

そら豆
にんじん
フェンネル
菊芋
メークイン
ルッコラ
レタスミックス
パセリ
パクチー
いちご
ねぎ
セロリ
ミント
にら

高知の山のてっぺん風ゆず酢のお寿司

□材料（8人分）

- 米…8合
- 酒…大さじ1
- 昆布（10㎝角）…1枚

○具

- ゆず酢の寿司酢（P.15参照）…約200cc
- しょうが…2かけ
- ごま…大さじ2
- 山椒《さんしょう》の実のしょうゆ漬け…大さじ2
- ちらし寿司のもと（P.15参照）…1回分（約200g）

○添え

- 錦糸卵…卵5個分
- 穴子煮…適量
- いんげん豆（またはえんどう豆）…適量
- しょうがの梅酢漬け（P.91参照）…2かけ
- ガリ（P.91参照）…適量

□つくり方

①米は洗い、酒と昆布を入れてかために炊く。

②穴子煮は2㎝幅に切り、いんげん豆は2分ゆがき斜め切りに、しょうがとしょうがの梅酢漬けはみじん切りにする。

③寿司桶に炊きあがったごはんを移し、寿司酢をまわし入れ、うちわで仰いで冷ましながら切るように混ぜる。しょうが、ごま、山椒の実のしょうゆ漬けを入れて混ぜ、ちらし寿司のもとを混ぜ込む。

④器に盛って添えの具材をのせる。

□メモ

穴子煮は、生の穴子をしょうゆ、みりん、砂糖で甘辛く煮たものですが、手に入らなければ、ほぐした鮭やゆでたえびなどでも代用できます。山椒の実のしょうゆ漬けは、実をしょうゆに5日以上漬けてつくります。

自然のめぐみをたべる畑ごはん

畑の野菜は皮も葉もなるべく、まるごとつかって料理します。

せっかく畑で収穫した野菜を生命力のたかいうちにまるごとたべるのです。わたしたちは、生命力をたべていることに気がつきます。

遠くから運ばれた野菜は買い物をするうちに鮮度がうしなわれるばかりか、だいじな生命力がへっていきます。

野菜の味わいは、畑から台所へ、まっすぐにとどいた、おいしさです。

ちらし寿司のもと

□**材料**（8人前×5回分）

- 干ししいたけ…40g
- かんぴょう…40g
- にんじん…2本
- たけのこ（水煮）…200g
- しょうゆ…大さじ6
- みりん…大さじ6
- 砂糖…大さじ4
- 塩…小さじ1

□**つくり方**

①干ししいたけは砂糖少々（分量外）を入れた水に浸してもどし、もどし汁はとっておく。かんぴょうも水でもどす。

②干ししいたけ、にんじん、たけのこは薄切りにする。かんぴょうは水気を絞り、5cm長さに切る。

③鍋に干ししいたけともどし汁500cc、かんぴょう、しょうゆ、みりん（大さじ4）、砂糖（大さじ3）を入れ、中火で20分煮る。

④別鍋ににんじん、たけのこ、みりん（大さじ2）、砂糖（大さじ1）、塩、水500ccを入れ、中火で15分煮る。

⑤③と④の汁気をざるでこし、ボウルに入れて混ぜ合わせる。

□**メモ**

干ししいたけは砂糖水でもどします。できあがったもとは、保存袋に1回分ずつ分けて入れ、冷凍しておくと便利！

ゆず酢の寿司酢

□**材料**（8人前×1回分）

- ゆず酢（ゆずの絞り汁）…約100cc
- 酢…100cc
- 砂糖…70g
- 塩…20g

□**つくり方**

鍋にすべての材料を入れて弱火にかけ、砂糖が溶けたら火を止めて冷ます。

□**メモ**

うちでは10回分を一気につくって保存しています（ビンに入れて冷蔵で約1か月）。酢のものや魚の酢じめにも活用できます。

北京風餃子

ティーアンダー＝手あぶら。
沖縄では
手においしいあぶらがついている、
だから手で料理する。

手はばっちいと、子どものころからの教育で、そうおもっているかもしれませんが、手ほど、おいしくできる台所道具はありません。手でちぎる、手でかき混ぜる、手でひとつまみの塩をする。手にはすばらしく、おいしくする、ひみつがあるのです。沖縄ではオバアの手にはティーアンダーがついているというそうです。
かぞくのために、なんども、なんども、くりかえしつくられたごはん。そのために経験がゆたかというより、魔法のような手になっている。うまいあぶらがついているというようなことでしょうか。

焼き餃子

□つくり方

①フライパンに油を多めに熱し、餃子を並べて強火で少し焼き目がつくまで焼く。

②湯を餃子の肩ぐらいまで注ぎ、ふたをして3分蒸し焼きにする。

③火を弱めて油大さじ1をふりかけて、再びふたをして2分焼く。

水餃子

□つくり方

鍋に湯を沸かして餃子を入れ、強火で6分ゆがく。

揚げ餃子

□つくり方

鍋に油を熱し、中温できつね色になるまで3〜4分揚げる。りんごを具にするとデザートに。

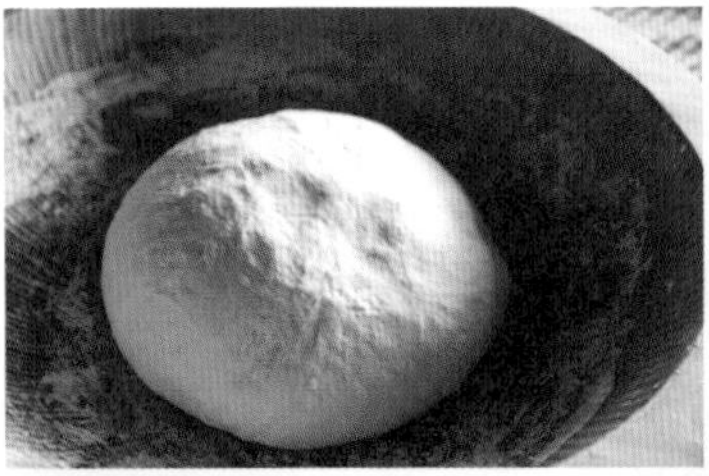

北京風餃子

□**材料**（32個分）

○**皮**

- 強力粉…500g
- 湯…250〜300cc
- 塩…小さじ1

○**具**

- 豚こまぎれ肉…200g
- 豚ひき肉…100g
- キャベツ…1/4個
- にら…1束
- しょうが…2かけ
- ナンプラー…小さじ1
- ごま油…小さじ1
- しょうゆ…小さじ1
- 粒こしょう…ひとつまみ

○**たれ**

- しょうゆ…適量
- 酢または黒酢…適量

□**メモ**

粉の味がおいしい、北海道産はるゆたかやニングルがおすすめ。

□**つくり方**

〜皮をつくる〜

① 強力粉のまんなかにくぼみをつくり、湯に塩をとかして注ぐ。

② 木べらで混ぜてまとまってきたら手でこねて、耳たぶぐらいのかたさになるようにする。

③ ぬれふきんをかぶせて、1時間ほど生地をねかせる。

④ 生地を手で棒状にのばしながら大きなリング型にして、1個20gほどになるように端から包丁で切り、手で丸める。

⑤ 打ち粉（分量外）をしてめん棒でそれぞれの生地を直径15cmにのばす。

〜具をつくり皮で包む〜

⑥ 豚肉は包丁でたたき、ひき肉と合わせる。

⑦ キャベツはみじん切りにして塩小さじ1（分量外）をふり、水分をよく絞る。

⑧ にらは小口切りにし、しょうがはすりおろす。

⑨ ⑥、⑦、⑧と調味料を合わせて手でよく混ぜる。

⑩ 皮で具を包む。調理はP.19を参照し、好みでたれに左記の調味料や豆板醤などを加える。

ナムプリック
（タイ風調味料）

□**材料**（つくりやすい分量）
- 生のとうがらし…15g
- ナンプラー…90cc
- ぶしゅかんの絞り汁（なければレモン汁）…90cc
- みりん…50cc
- 砂糖…大さじ1

□**つくり方**
① とうがらしを5㎜幅の輪切りにする。
② すべての材料を入れて混ぜる。

□**メモ**
冷蔵で保存します。パクチーと一緒に、かつおのたたきやオムレツ、チャーハンにもよく合います。

てるすこ

□**材料**（つくりやすい分量）
- ハラペーニョ…50g
- にんにく…2かけ
- 玉ねぎ…小1個（20g）
- 酢…100cc
- 塩…小さじ1/2
- レモン汁…大さじ2

□**つくり方**
① ハラペーニョ、にんにく、玉ねぎは刻んでおく。
② ミキサーにすべての材料を入れて撹拌する。

□**メモ**
てるてさんの畑のハラペーニョでつくったタバスコをわが家ではてるすこと呼んでいます。

プリックナムソム
（とうがらし酢）

□**材料**（つくりやすい分量）
- 生のとうがらし…50g
- 酢…400cc

□**つくり方**
とうがらしを輪切りにして酢に漬ける。

□**メモ**
青、赤どちらのとうがらしでも、大きくても、小さくてもだいじょうぶです。あんかけ麺やラーメン、天津飯などに添えることも。

スペインのにんじんラペ

□**材料**（4人分）

- にんじん…2本（約200g）
- にんにく…5かけ
- オリーブ油…ひとまわし
- ぶしゅかんの絞り汁（なければレモン汁）…1/4カップ
- 塩…大さじ1/2
- 砂糖…大さじ2
- ハーブミックス（P.69参照）…大さじ1
- こしょう…少々

□**つくり方**

①鍋に湯を沸かし、塩少々（分量外）を入れる。
②にんじんは皮をむき、6㎝長さのせん切りにする。
③にんにくはみじん切りにする。
④湯が沸いたらにんじんを入れ、しゃきしゃき感が残るぐらいに1分半ほどゆがく。
⑤ゆであがったら水気をよくきり、にんじんが熱いうちにすべての材料をあえる。
⑥冷やして食べる。

□**メモ**

にんじんはゆですぎないように、シャキシャキした食感を残します。にんにくをしっかり利かせるのがポイント！

にんじん葉のチヂミ

□**材料**（4人分）

- にんじん葉…120g
- 薄力粉…100g
- 卵…2個
- 水…200cc
- ごま油…大さじ2
- キムチ（P.92参照）…適量

○**たれ**

- 酢…大さじ4
- しょうゆ…大さじ2
- 白ごま…適量

□**つくり方**

①にんじん葉は4cm長さに切る。
②ボウルににんじん葉、薄力粉、卵、水を入れて混ぜ合わせる。
③フライパンにごま油を熱して②を流し入れ、中火で両面をこんがり焼く。
④適当な大きさに切り、皿に盛る。
⑤たれを合わせてつくり、キムチを添えて食べる。

□**メモ**

キムチと一緒に食べると、とてもおいしいです！

じゃがいものおやき

□**材料**（9個分）
- じゃがいも…大4個
- 塩…小さじ1/2
- 片栗粉…大さじ4
- 油…適量

○**たれ**
- しょうゆ…大さじ1
- みりん…大さじ1
- 酒…大さじ1
- 砂糖…大さじ1

□**つくり方**

①じゃがいもは皮ごとゆがく。

②ふきんで包んでこすりながら皮をむく。熱いうちに塩をしてしっかりつぶし、片栗粉を入れて混ぜる。

③9等分し、手で平たく丸める。

④フライパンに油を熱し、中火で両面こんがり焼く。

⑤小鍋にしょうゆ、みりん、酒、砂糖を煮つめてたれをつくり、おやきをつけて食べる。

□**メモ**

チーズやバターしょうゆと合わせてもおいしいです。

玉ねぎラーメン

□**材料**（4人分）

- 玉ねぎ（畑で採れた小さい玉ねぎ）…4個
- 鶏ガラスープ（P.52参照）…1400cc
- いりこ…3匹
- チンゲンサイ…1束
- 細ねぎ…適量
- だししょうゆ（左記参照）…大さじ1
- 酒…大さじ1
- 塩…小さじ4
- 中華麺（乾）…4人分

□**だししょうゆ**

本たまりしょうゆ900ccに、小さいかつお節1本、あじごのにぼし（豆あじ）500g、酒、みりん各50ccを入れて1〜2週間おいてつくる。しょうゆや酒を継ぎ足しながら1年はつかえます。

□**つくり方**

① 玉ねぎは採れてすぐのものは皮をむかずに、それ以外のものは皮をむく。

② 鍋に玉ねぎ、鶏ガラスープ、いりこを入れ、玉ねぎがやわらかくなるまで（透き通って竹串が通るくらいまで）弱火で煮る。

③ チンゲンサイはゆでて適当な長さに切る。細ねぎは小口切りにする。

④ ②にだししょうゆ、酒、塩を入れて味を調える。酒が飛ぶまで少し沸かしたら、やわらかくなった玉ねぎをトッピング用にとりおく。いりこは取り出す。

⑤ 別鍋で麺をゆがく。

⑥ 器に④のスープ、麺を盛り、玉ねぎ、チンゲンサイ、細ねぎをトッピングする。

釜揚げうどんと畑の野菜の天ぷら

□**材料**（4人分）

・うどん…4玉

○**うどんのつゆ**

・だししょうゆ（P.25参照）…70cc

・いりこ…4匹

・干ししいたけ…2個

・水…1200cc

・塩…小さじ1

○**かき揚げ**

・じゃがいも…小2個

・にんじん…1/4本

・玉ねぎ…1個

・ねぎ…2本

・薄力粉…50g

・塩…少々

・水…50cc

・揚げ油…適量

○**にんじん葉とちくわの天ぷら**

・にんじん葉…50g

・ちくわ…2本

・薄力粉…50g

・塩…少々

・水…50cc

○**さつまいもとえびの天ぷら**

・さつまいも…1本

・えび…8匹

・薄力粉…大さじ6

・片栗粉…大さじ2

・水…100cc

・揚げ油…適量

○**薬味**

・ねぎ…2本

・しょうが…1かけ

□**つくり方**

①うどんのつゆをつくる。鍋に水、いりこ、干ししいたけを入れ、強火に10分ほどかけてだしをとり、だしがらを取り出す。だししょうゆ、塩、酒少々（分量外）を加えて味を調えて火を止める。

②薬味用のねぎは刻み、しょうがはすりおろす。

③かき揚げをつくる。じゃがいもとにんじんは細切り、玉ねぎはスライス、ねぎは1㎝長さに切ってボウルに入れる。薄力粉をまぶし、塩、水を入れて練らないように箸でサクサク混ぜる。油を熱し、スプーンで生地をすくって4個に分けて入れ、中温で揚げる。下側がカリッとしたら一度だけひっくり返す。あまり触らないようにして、両面がカリッとしたら取り出す。

④天ぷらをつくる。にんじん葉は4㎝長さに、ちくわは薄い輪切りにしてボウルに入れる。薄力粉をまぶして塩と水を加え、③のかき揚げ同様に入れ、高温で揚げる。さつまいもは8㎜厚さの輪切りにする。えびは酒と塩（分量外）をふって、少しおいてから殻をむく。薄力粉、片栗粉、水を合わせ、練らないように箸でサクサク混ぜて衣をつくる。それぞれ衣にくぐらせて、さつまいもは低温で、えびは中温で揚げる。

⑤うどんをゆがいて大釜のまま並べ、かき揚げ、天ぷら、つゆ、薬味を添える。

手づくりトマトソース

□**材料**（つくりやすい分量）
- にんにく…5かけ
- 玉ねぎ…1個（240g）
- オリーブ油… 大さじ2
- ミニトマト…500g
- レモン汁…大さじ1/2
- 塩…大さじ1/2
- 砂糖…大さじ1/2
- しょうゆ…大さじ1/2
- ハーブミックス（P.69参照）…小さじ1

□**つくり方**

①にんにくはスライスし、玉ねぎはみじん切りにする。
②フライパンにオリーブ油を入れて中火にし、にんにくをこんがりするまで炒めたら玉ねぎを入れる。
③玉ねぎがしんなりしてきたら、ミニトマト、レモン汁、塩、砂糖、しょうゆを入れて弱火にし、とろりとするまで20分ほどくつくつ煮つめていく。最後にハーブミックスを入れる。

□**メモ**

冷凍保存で2～3か月。畑のミニトマトを使っていますが、大きいトマトやトマト缶でもつくれます。

にんにくの芽のジェノベ

□**材料**（つくりやすい分量）

- にんにくの芽…２００g
- 油…１５０cc
- 塩…大さじ1

□**つくり方**

にんにくの芽は細かく切り、油、塩と一緒にミキサーに入れて撹拌する。

□**メモ**

にんにくの芽かきをする時に捨てている部分でつくります。パンにぬったりポテトサラダに入れたりも。冷蔵で1～2か月保存できますが、傷みそうな時は塩を追加します。

手づくりオリーブ

□**材料**（つくりやすい分量）

- オリーブの実…３００g
- 重曹…大さじ1
- 塩…適量

□**つくり方**

①ボウルにオリーブの実を入れ、ひたひたの熱湯、重曹を入れて軽く混ぜ、一晩おいておく。

②液体は捨て、オリーブは洗ってビンに入れ、実が空気に触れないように塩大さじ1（オリーブの重量の5%）とひたひたの水を入れて漬ける。2、3日おきに塩水を入れ替えながら保管する。

③3～4か月続け、渋がなくなったら食べごろ。

□**メモ**

日持ちは常温で1年。パスタやピザとともにいただきます。

にわとりの卵プリン

□**材料**（直径20cmの耐熱容器1個分）

- 卵…5個
- 牛乳…500cc
- 砂糖…大さじ2
- バニラビーンズ…少々

○**カラメルソース**

- グラニュー糖…100g
- 水…大さじ2
- さし水（熱湯）…100cc

□**メモ**

さし水をする時は、カラメルをしっかりとこんがりさせてから注ぎます。ネパールのカトマンズホテルで食べた大きなケーキ型のプリンを「もう一度食べたい」という子どもたちの希望で再現しました。

□**つくり方**

① ボウルにソース以外のすべての材料を入れ、泡立て器でよく混ぜて2回ざるでこす。

② 耐熱皿に流し入れてトースター（オーブン）160℃で45分焼く。

③ カラメルソースをつくる。鍋にグラニュー糖と水を入れ、中火で静かにゆすりながら（かき混ぜない）煮溶かす。

④ カラメル色になったら、鍋肌からさし水（熱湯）を注ぐ（煙がばーっと出るので気をつけて）。ぐるぐる混ぜてとろみがでてきたら火を止める。

⑤ ケーキのようにカットして器に盛りつけ、カラメルソースをかけて食べる。

玉ねぎとにんにくの収穫、三つ編みをする

9月に植えたにんにくは、翌年の5月の下旬ごろ、11月に植えた玉ねぎも5月のおわりごろには、収穫します。にんにくも玉ねぎも1週間ほど干してから、白つめ草でつくるカンムリのように、三つ編みします。玉ねぎも同じように三つ編みします。葉っぱや茎をつけたまま次々と足して編んで三つ編みすると、かわいくて愛おしくなります。にんにくの方はさいごに赤いひもや麻ひもで縛って、2束をつなげます。このまま台所につるしながら、つかうときにひと玉ずつ使います。

①

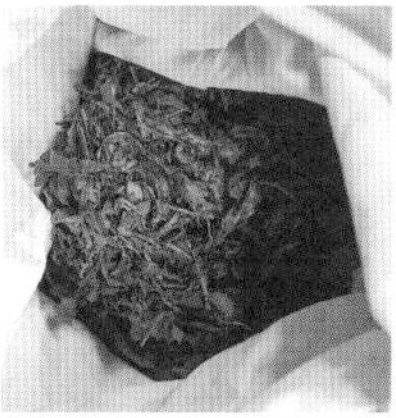

②

③〜④

⑤

お茶摘み、紅茶をつくる

□**つくり方**

①5月のおわりには、お茶摘みをして、手で40分もみます。

②茶葉の汁がでて、おにぎりができるようになったら、濡らした布ぶくろにいれます。

③お風呂の湯船にタライで浮かします。

④冷めるようだったら、追い焚きします。

⑤朝、茶葉が赤くなり、いい匂いがしたら、ざるなどにひろげて、1日太陽に干します。乾燥したら、ビンにいれて保存します。

夏の畑

Summer

夏の畑は、すきまがあると草がはえてくるので、種まきするときも、いっぱいにまきます。なすやミニトマトやピーマン、ししとうなどまいにち採れるものもあれば、かぼちゃやさつまいもや里芋や落花生やしょうがなど、ゴーヤーやへちまやズッキーニなど、しょっちゅう畑にいかなくてもいいものもあります。放任栽培でも、お世話できます。

暑い国のタイの生のハーブをいろいろ育てられることが、うれしいです。

ガパオやホーラパーやバジルやパクチーやレモングラスなどが、わさわさとあるだけで、もうおいしい香りで、夏の暑い日にふーふー汗をかきながら、辛いタイ料理をつくる気もちがもりあがります。

夏には、種まきすると、すぐに発芽するので、つぎつぎと、ところせましと、大豆や茶豆やいんげん豆などで、畑がいくつあっても足りません。

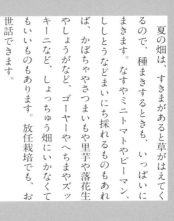

ゆみこよみ

6月

- 田んぼの草とり
- 芒種に青梅をもぎ、梅酒つくり
- らっきょう漬けをつくる
- あんずジャムをつくる
- さつまいものつるを植える
- 夏至のころ、梅酒を青梅で、梅干しと梅ジュースを黄梅でつくる
- すももの収穫
- ねむの木の花が咲いたら大豆を植える
- あんず酒、すもも酒、びわ酒をつくる

7月

- 小暑にあずきを植える
- 梅雨明けに梅を干す
- ブルーベリーの収穫とジャムつくり
- 半夏生にらっきょうの酢漬け
- 夏の神祭には茶豆をまく
- 里芋の土寄せをする
- はちみつを採る
- 土用に田んぼの水をぬいて干す
- 大暑に日本みつばちの分蜂がおわる

8月

- 立秋に蓮の花が咲く
- 秋野菜の種まきをする
- 処暑には涼しくなり秋の虫がなく
- とうもろこしのひげは干して保存する

夏の畑の野菜たち

なす
きゅうり
ししとう
ピーマン
オクラ
ミニトマト
ズッキーニ
かぼちゃ
ゴーヤー
へちま
かんぴょう
しそ
バジル
いんげん豆
落花生
さつまいも
里芋
しょうが

パクチー
ねぎ
タイバジル
レモングラス
もちきび
ごぼう
つるむらさき
冬瓜
とうがらし
セロリ
ちしゃ菜
にんじん
ミント
かぶ
小松菜
枝豆
にら
えごま

ガイヤーン
カオニャオ
ソムタム

夏の日は、まるで
タイの屋台にいるかのよう

ガイヤーン（焼いた鶏肉）とカオニャオ（蒸したもち米）とソムタム（パパイヤのサラダ）をいっしょにたべるのが、タイのイサーン地方のごはん。屋台に何度もならんで待つあいだ、すっかりソムタムの作り方を覚えてしまいました。屋台のおばさんになったつもりで、うちで、クロック（焼きもののうす）とさじをあやつります。ガイヤーンはトースターやオーブンでも焼けるけど、炭火がおいしい。皮がパリッとして中身はジューシー。香ばしい味がやみつきに。

ソムタム

□**材料**（4人分）

- 青パパイヤ…小さめ1個
- 干しえび…6g
- いんげん豆…6本
- ミニトマト…6個
- ピーナッツ…60g
- にんにく…2かけ
- 生のとうがらし…2本
- ナンプラー…大さじ6
- レモン汁…大さじ4
- 砂糖…大さじ3

○**添え**

- キャベツ…150g
- いんげん豆…4本
- パクチー…適量

□**メモ**

青パパイヤが手に入らない時は、冬瓜やにんじんでも代用できます。

□**つくり方**

① 青パパイヤは皮をむき、スライサーで細く切る。

② 干しえびは水でもどし、いんげん豆はすじを取り、ミニトマトは半分に切る。ピーナッツはいって細かくくだく。キャベツはくし形切りにする。

③ クロック（すり鉢とすりこぎで代用可）を使って1/2量ずつつくる。にんにくを皮ごと入れてつぶし、とうがらしを半分にちぎって入れる。干しえび、青パパイヤ、ナンプラー、レモン汁、砂糖を順に入れ、トントンついて味をなじませる。いんげん豆を3等分にちぎりながら加え、ミニトマト、ピーナッツを入れて混ぜ合わせる。

④ 器に汁ごと盛り、キャベツといんげん豆を添え、パクチーをトッピングする。

□**タイ料理のにんにくの扱いのこと**

タイ料理に使うにんにくは、基本的に包丁の腹やクロックでつぶします。皮に成分があるので皮ごと炒めることも。皮が気になる時は後で取り除きます。

ガイヤーン

□**材料**（4人分）

- 鶏　手羽先…8本
- 鶏　手羽元…8本

○**下味**

- にんにく…2かけ
- しょうが…1かけ
- ナンプラー…大さじ2
- みりん…大さじ2
- 砂糖…大さじ1
- こしょう…小さじ1/2

○**たれ**

- ナンプラー…大さじ2
- みりん…大さじ2
- 酒…大さじ1
- 砂糖…大さじ1

□**つくり方**

①にんにく、しょうがはすりおろし、下味の調味料を合わせる。

②手羽先と手羽元を①の下味につけて1時間ほどおく。

③オーブンを185℃に予熱し、天板にオーブンシートを敷いて②を並べ、30分焼く。途中、10分おきにたれをぬり、ひっくり返す。

④最後に炭火で表面をこんがり焼く（オーブンだけで仕上げても）。

□**メモ**

皮はパリッと、中はジューシーに焼くのがコツ。仕上げは炭火がおすすめですが、オーブンだけで焼き上げてもおいしいです。

カオニャオ

□**材料**（4人分）

- もち米…4合

□**つくり方**

①もち米は水に一晩つけて、しっかり浸水させる。蒸し器の下鍋に湯を沸かす。

②蒸し器に布を敷き、もち米の水をきって入れ、布をかぶせる。

③強火で40〜50分蒸す。

□**メモ**

もち米はしっかり浸水させておきます。

ベトナム風生春巻き

タイのカオマンガイ

ベトナム風生春巻き

□材料（8本分）

- 生春巻きの皮…8枚
- スイートチリソース…適量
- ナムプリック（P.21参照）…適量

○具材

- つくね（左記参照）…適量
- えび…適量
- レタス…適量
- もやし…適量
- パプリカ…適量
- パクチーの葉と茎…適量
- スプラウト…適量

○つくねの材料

- 鶏（または豚ひき肉）…200g
- バジル…5枚
- にんにく…1かけ
- しょうが…1かけ
- パン粉…大さじ2
- 塩…小さじ1
- こしょう…小さじ1

○つくねのたれ

- しょうゆ…大さじ1
- ナンプラー…大さじ1
- 酒…大さじ1
- みりん…大さじ1
- 砂糖…大さじ1

○添え

- ミント…適量

□つくり方

①つくねのたれの材料を鍋に入れて火にかけ、砂糖が溶けたら火を止めて冷ます。

②つくねをつくる。バジルは細かく刻む。にんにく、しょうがはすりおろす。つくねの材料すべてを合わせて手でこねて、棒状にのばす。トースター（オーブン）220℃で20分焼く。つくねに火が通ったらたれをぬり、粗熱が取れたら取り出して、食べやすい大きさにスライスする。

③えびは塩と酒（分量外）をふって少しおいてから、ゆがいて殻をむく。レタスは食べやすい大きさに手でちぎり、パプリカは細切りに、パクチーはざく切り、スプラウトは半分に切る。

④生春巻きの皮を水でぬらし、好みの具材をのせてくるくる巻く。器に盛り、好みでミントを添え、スイートチリソースかナムプリックにつけて食べる。

□メモ

生春巻きの皮は水でぬらしたら、すぐに巻くのがコツです。つくねは焼いても焼かなくても冷凍保存できます。

タイのカオマンガイ

□**材料**（4人分）

- 鶏むね肉…2枚
- 塩…小さじ2（肉にもみ込む用）
- 鶏ガラスープ（P.52参照）…2ℓ
- 米…3合

○**たれ**

- にんにく…2かけ
- 味噌…大さじ2
- みりん…大さじ3
- 水…大さじ3
- 砂糖…大さじ1
- しょうが…大1かけ

○**添え**

- きゅうり…1本
- 細ねぎ…8本（1人2本）

□**つくり方**

① 鶏肉にフォークをぷすぷすさして、塩をもみ込んで10分ほどおく。

② 鍋に鶏ガラスープを入れてぐつぐつ沸かし、①を入れて火を止める。ふたをして1時間おき、鶏肉に火を通す。

③ 米を洗い、②のスープを注いでかために炊く（残ったスープは添えの一品に活用）。

④ にんにくはすりおろし、すべての調味料を混ぜ合わせてたれをつくる。小皿に入れ、しょうがのせん切りをのせる。

⑤ ②の鶏肉を取り出してスライスする。きゅうりは斜めにスライスし、細ねぎは根と葉先を落として15㎝に切る。

⑥ 茶わんなどを使い、皿にごはんをかぱっと山型に盛る。上に鶏肉を並べ、きゅうりと細ねぎを横におき、たれの小皿を添える。

□**メモ**

鶏肉は炊くとうまみが外に出てきてしまうので、火を止めて1時間くらいおいておきます。たれに輪切りのとうがらしを入れると、よりタイ風に！ 残った鶏ガラスープは、大根のスライスとナンプラーと白こしょうを加えて、添えのスープにします。

ガパオの皿盛りごはん

□**材料**（4人分）

- 鶏肉…350g（かたまりのもの）
- ごはん…茶わん4杯分
- 卵…4個
- ホーリーバジル…2つかみ（なければどんなバジルでも）
- 赤玉ねぎ…1/2個
- パプリカ…1/2個
- にんにく…5かけ
- とうがらし…3本
- ナンプラー…大さじ1
- 酒…大さじ1
- しょうゆ…大さじ1
- みりん…大さじ1
- 砂糖…大さじ1/2
- こしょう…多め
- 油…大さじ2

□**つくり方**

① 鶏肉は包丁でたたいて細かくする。赤玉ねぎはくし形切り、パプリカは細切りにする。にんにくは皮ごとつぶす。とうがらしは手で2つにちぎる。

② フライパンに油を熱し、にんにく、とうがらしを炒める。

③ 鶏肉も加えて強火で炒め、ナンプラー、酒、しょうゆ、みりん、砂糖で味をつけ、こしょうをふり入れる。

④ 汁気が少し残るくらいになったら、赤玉ねぎとパプリカを入れてさっと炒める。バジルを入れ、ぐるりと混ぜて火を止める。

⑤ 皿にごはんを盛り、④をのせ、目玉焼きを揚げ焼きにしてのせる。

□**メモ**

鶏肉はもも肉でもむね肉でもお好みで。ひき肉でもつくれますが、たたいたお肉を少し入れるとグンとおいしくなります！

タイの屋台風パッタイ

トルコ風ブルグル

□材料（4人分）

- ブルグル…75g
- セロリ…1/2本
- きゅうり…1/2本
- トマト…1/2個（約100g）
- パプリカ…1/2個
- 赤玉ねぎ…1/4個（約75g）
- 細ねぎ…5本
- パセリ…ひとつかみ
- にんにく…1かけ
- クミンシード…大さじ2
- オリーブ油…大さじ1
- ぶしゅかんの絞り汁（なければ酢）…大さじ2
- こしょう…少々
- 塩…小さじ1

□つくり方

①鍋に湯を沸かし、塩（分量外）を入れてブルグルをゆでる。

②赤玉ねぎ、細ねぎ、パセリ、にんにくはみじん切りにする。赤玉ねぎは水にさらす。

③セロリ、きゅうり、トマト、パプリカは8㎜角に切る。

④ゆであがったブルグルを冷水で冷まし、ざるに上げて水気をよくきる。

⑤すべての材料を混ぜ合わせる。

⑥食べる直前まで冷蔵庫で冷やしておく。

□メモ

ブルグル（ひき割り小麦）は中東では主食として親しまれています。雑穀で代用も。

□香りがおいしいハーブ

ハーブは、月桂樹やバジルやローズマリーやレモングラスやこぶみかんを畑でつくり、乾燥させて保存しています。ほかに八角や山椒やクミンやカルダモンやナツメグやマジョラムは購入してつかいます。香りで食欲がでます。

タイの屋台風パッタイ

□**材料**（4人分）

- 米麺（3～5㎜幅のもの）…400g（1人100g）
- えび…8匹（1人2匹）
- 卵…3個
- 赤玉ねぎ…1個
- キャベツ…1/4個
- たくあん…5㎝（約60g）
- パプリカ…1/4個
- 細ねぎ…5本
- にんにく…2かけ
- 油…大さじ2
- ナンプラー…大さじ2
- 粒こしょう…少々
- もやし…適量
- パクチー…適量
- ピーナッツ…適量
- レモン…適量
- 砂糖…適量
- ナムプリック（P.21参照）…適量

□**つくり方**

①えびは塩と酒（分量外）をふって、少しおいてから殻をむく。赤玉ねぎとレモンはくし形切り、パプリカは細切り、キャベツは1㎝幅に切り、たくあんは5㎜幅の短冊切りに、細ねぎは4㎝長さに切る。

②薄焼き卵を焼き、麺と同じぐらいの太さに切る。にんにくは包丁の腹でつぶす。ピーナッツはいって細かくつぶす。

③米麺をゆがき、ざるに上げて水気をきり、油（分量外）をまわしかける。

④フライパンに油を熱し、にんにくをこんがりするまで強火で炒める。

⑤えびを入れ、色が変わったら赤玉ねぎ、キャベツ、たくあんを入れて炒め、ナンプラー（大さじ1）を入れる。

⑥麺を入れて炒める。粒こしょう、ナンプラー（大さじ1）を入れて味を調え、②の卵、パプリカ、細ねぎも入れて炒める。

⑦器に盛り、もやし（生のまま）、パクチー、ピーナッツをトッピングする。好みでレモンを絞り、砂糖、ナムプリックをかけて食べる。

□**メモ**

米麺がやわらかくなりすぎないように気をつけて。パッタイは食べる時に各自で調味料を足すので、味を薄く仕上げます。

おうちでつくる旅するごはん

旅するアジアごはんのなかで、タイほどおいしい国はないのです。旅すればするほど、新しい味に出会う。甘くて、すっぱくて、辛い味、フレッシュなハーブの香りのタイ料理の味。

旅のさいしょにたべるのは、ビールにあういかのヤムウンセン。暑さのなかで、汗をかきながらたべるおいしさ。辛いので、おなかがつかれてしまったら、ビリヤニの屋台をさがします。もともとビリヤニは、インドやパキスタン南アジアのイスラムごはんです。ところが、タイの首都バンコクの宿屋街にはイスラム教の人が多く住むエリアがあります。近くの市場や屋台には、かならずあるごはんがビリヤニです。直径1mほどの大鍋でつくられています。タイ人も大好き。

タイではめずらしくカレー味。わが家では、子どもたちも大好きなので、家でもよくつくります。

そんなタイ料理のなか、さらりとたべられる味がカオマンガイです。旅から帰ると、すぐその味を再現したくなりレシピを探究しました。かんたんにだれでもつくれるカオマンガイ。ぜひ味わってみてください。

いかのヤムウンセン

イスラムのたべものビリヤニ

□**材料**（4人分）

- 鶏　手羽元…10本
- 玉ねぎ…1個
- にんにく…3かけ
- クミンシード…大さじ1
- 米…5合
- 油…大さじ2

○**もみ込む用**

- カレー粉…小さじ1
- 塩…小さじ1
- こしょう…2つまみ

○**炊き込む用**

- 鶏ガラスープ（下記参照）…800cc
- 塩…大さじ1
- クミンシード…大さじ1
- カレー粉…大さじ1

○**添え**

- パプリカ…1/2個
- レモン…1/2個
- パクチー…適量

□**つくり方**

①手羽元にカレー粉、塩、こしょうをもみ込む。

②玉ねぎ、にんにくはみじん切りにする。パプリカは細切りに、レモンはくし形切りにする。

③フライパンに油を入れ、にんにく、クミンシードを弱火で炒め、香りが出てきたら玉ねぎを加え、しんなりしたら手羽元を入れ、中火で炒める。

④炊飯器に米と③を入れ、鶏ガラスープ、塩、クミンシード、カレー粉を入れて炊く。

⑤器に盛り、パプリカとレモン、パクチーをトッピングする。

□**メモ**

米を炊く時の水分量は、米5合に対して6合分が目安です。

鶏ガラスープ

□**材料**（つくりやすい分量）

- 鶏ガラ…1個
- しょうが…1かけ
- 水…2ℓ

□**つくり方**

①しょうがは5㎜厚さに切る。

②鍋に材料をすべて入れ、ふたをしないで強火にかける。煮立ってきたら中火にかえ、途中アクを何度か取りながら、30分〜1時間煮る。

③ざるでこしてスープをとる。

□**メモ**

鶏ガラスープをつくり玉ねぎラーメン（P.25）をつくった翌日にはカオマンガイ（P.42）というように、鶏ガラスープのレシピがぐるぐると循環します。

いかのヤムウンセン

□**材料**（4人分）

- 春雨…150g
- いか…100g
- きくらげ……適量
- 赤玉ねぎ…中1個
- パプリカ…1個
- セロリ…1/2本
- パクチー…1/2束
  （なければセロリの葉）
- ナムプリック（P.21参照）
  …大さじ5
- 粒こしょう…小さじ1
- ナンプラー…少々
- レモン…1/4個

□**つくり方**

①春雨はゆがいてざるに上げ、水にさらし、食べやすい長さに切る。いかはワタと骨を取り除いて熱湯でさっとゆがき、白くなったら取り出す。きくらげは水でもどしておく。

②赤玉ねぎはくし形切り、パプリカは細切り、セロリはすじを取って4cm長さに斜めに切る。パクチーはざく切りにする。

③レモン以外のすべての材料を混ぜ合わせ、ナンプラーで味を調えて皿に盛る。仕上げにレモンを絞りながらまわしかける。

□**メモ**

いかの種類はお好みで。いかの代わりに干しえびを水でもどして入れてもおいしいです。つくりおきはおいしくないので、食べる直前にあえるのがポイント。

タイ風ゴーヤースープ

ハーブの味が覚醒する

　１９８８年、３か月ナコンパトムの一軒屋に居候して住んだとき、市場へまいにち通い、タイ人のようにおかずを買って生活しました。だからいまでも、夕方チャオプラヤー川沿いのレストランに着くとほっとします。タイの友人と待ち合わせて冷たいシンハービールと青菜炒めやヤムウンセンとこれをたのみます。あさりとホーラパーのかおりとにんにくとナンプラーの味の調和が絶妙。これもいちどたべたら忘れられない味です。再現してたべるために帰国後ホーラパーの種を手に入れ、苗も探して栽培しました。たべた瞬間、チャオプラヤー川へぴゅーんと移動したかのような感覚になります。

タイのホーラパーのあさり炒め

タイ風ゴーヤースープ

□材料（4人分）

- ゴーヤー…2本
- 鶏ひき肉…200g
- にんにく…2かけ
- しょうが…5g
- パクチーの根（あれば入れる）…1～2本分
- 塩…小さじ1/2
- こしょう…少々
- 鶏ガラスープ（P.52参照）…800cc
- ナンプラー…大さじ2

□つくり方

①ゴーヤーは両端を切り落とし、5cm長さに切り、スプーンでワタを取る。

②すり鉢ににんにくとパクチーの根を入れ、すりこぎでつぶす。しょうがはすりおろす。

③ひき肉に②、塩、こしょうを合わせて手でこねる。

④ゴーヤーにスプーンで③を詰める。

⑤鍋に鶏ガラスープを沸かしてナンプラーを入れ、④を入れて中火で20分ほどゴーヤーがやわらかくなるまで煮込む。

□メモ

ゴーヤーの苦みが苦手な人は、ワタをしっかり取るか、さっとゆがいてからひき肉を詰めてください。

タイのホーラパーのあさり炒め

□材料（4人分）

- あさり…400g
- ホーラパー…20〜40g
（なければスイートバジル）
- にんにく…6かけ
- とうがらし…2本
- 油…大さじ2
- 酒…大さじ2
- みりん…大さじ2
- ナンプラー…大さじ1
- 粒こしょう…適量

□添え

- パクチー…適量

□つくり方

①あさりは砂抜きをした後、貝どうしをゴシゴシこすり合わせて洗う。ホーラパーとパクチーは、ざく切りにする。

②フライパンに油を熱し、皮ごとつぶしたにんにくを入れて炒める。あさりを入れて炒めたら、酒、みりんを入れて強火にし、ふたをして蒸し煮にする。

③あさりの口が開いたら、ナンプラー、粒こしょう、とうがらしを入れて強火で炒める。

④ホーラパーを入れて火を止め、さっと合わせたら皿に盛り、パクチーを添える。（にんにくの皮はここで取り除く）。

□メモ

ホーラパーはスイートバジルとミントで代用できます。バジルは色が変わってしまうので、合わせる時は火を止めてからにしましょう。冬は畑にバジルがないので、夏のうちに生のまま玉のように丸めて冷凍しています。

種まきは楽しい

種まきは、つい歌をうたって、くるくると畑をとびまわって踊ってしまうほど楽しくて、うれしくて、しあわせなしごとです。

ちいさな種は、ちゃあんと芽をだします。そしてしなやかな葉っぱをおおきくして、風と土と水とすこしの栄養があれば、実をふとらせます。そうやって、わたしのたべものになる。わたしにこたえてくれるのです。

ちいさな田んぼとちいさな畑とちいさな果樹園と、日本みつばちとにわとりと犬とねこたちと、かぞくとともにくらしています。種まきして、まいにちのごはんをつくります。

すももアイスとゼリー

すももジャム

□**材料**（つくりやすい分量）

- すもも（陽光）…２kg
- 砂糖…６００g
  （すももの重量の30％）
- ぶしゅかんの絞り汁
  （なければレモン汁）…30cc

□**つくり方**

①すももは皮をむいて鍋に入れ、砂糖をまぶしてから弱火にかける。

②20～30分煮たらぶしゅかんの絞り汁を加え、とろりとしてきたらざるなどで裏ごしして種を取り除く。

□**メモ**

冷凍で１年保存できます。

すももアイス

□**材料**（つくりやすい分量）

- すももジャム…適量

□**つくり方**

容器にすももジャムを入れ、冷凍庫で４時間ほどおいて凍らせる。途中、スプーンでかき混ぜてシャーベット状にする。

すももゼリー

□**材料**（つくりやすい分量）

- すももジャム…１５０g
- 砂糖…20g
- 糸寒天…３g
- 水…２００cc

□**つくり方**

①すももジャムに砂糖を加える。

②鍋に糸寒天と水を入れて中火にかけ、寒天を煮溶かす。寒天が溶けたらざるでこしながらボウルなどに移し、①を入れてよくかき混ぜる。

③容器に流し入れ、粗熱が取れたら冷蔵庫で冷やし固める。

□**メモ**

ヨーグルト（P.84）と一緒に食べるとおいしいです。

秋の畑

Autumn

秋になると、10月前半に落花生を収穫します。10月のおわりにさつまいもを掘り、11月7日にはしょうがや里芋を掘り、その後のうねに耕さずに、にんにく300個と玉ねぎの苗2600本（うち赤玉ねぎ1100本）を植えました。収穫したしょうがを暖かい温度（14℃）で保存して来年の種しょうがにします。里芋は植えてあるところに印をして、たべるつど掘りおこします。

谷相《たにあい》は冬がはやくやってくるから、秋冬の種まきは、秋分までにすませるといいます。白菜やキャベツ、ブロッコリーやカリフラワーの苗たてがおくれないように、時期がだいじです。

それでも夏の畑より、秋冬の畑はかんたん。小松菜や芭蕉菜や大根や、チンゲン菜やターツァイや、ルッコラ、レタスミックスなど、種まきすればほぼでそろいます。密植して、毎日新鮮な生野菜をいただきます。9月の白露のころに栽培している栗を収穫して、栗クリームや渋皮煮をつくります。地栗は寒露のころ収穫します。

ゆみこよみ

9月

- お彼岸まえに種まきをする
- 白露には栗を収穫
- お月見にはすすきを飾り、里芋を収穫して蒸す
- にんにくやわけぎを植える
- 秋分に種まき

10月

- ブロッコリー、白菜など種まきした冬野菜の定植
- 落花生の収穫。ゆがいてたべる
- 稲かり
- 寒露に地栗の収穫
- さつまいも掘り

11月

- そら豆、えんどう豆の種まき
- しょうがの収穫
- 立冬に玉ねぎの苗を植える
- 小雪に、山の神さまへお米をお供えする
- 枯れ葉をあつめて堆肥箱にいれる
- 豆を煮る
- 村では、もちまきを4回する

秋の畑の野菜たち

さつまいも
もちきび
じゃがいも
落花生
かんぴょう
かぼちゃ
里芋
大豆
オクラ
なす
ピーマン
とうがらし
しょうが
まこも
大根
菊芋

セロリ
きゅうり
ねぎ
つるむらさき
ホーラパー
ガパオ（ホーリーバジル）
バジル
茶豆
レタス
えごま
ごぼう
ミント
レモングラス
小松菜
にら
かぶ

バルセロナ風パエリア

冬瓜マリネ

バルセロナ風パエリア

□材料（4人分）

- 米…4合
- 鶏ガラスープ（P.52参照）…900cc
- にんにく…2かけ
- 玉ねぎ…200g
- えび…100g
- いか…1ぱい
- あさり…100g
- 魚のあら（あれば入れる）…適量
- いんげん豆…適量
- パプリカ（赤、黄、オレンジ）…各1/2個
- レモン…1/2個
- オリーブ油…大さじ2と1/2
- 塩…大さじ1
- 酒…大さじ1
- サフラン…少々
- ターメリック…小さじ2
- 粒こしょう…少々

□つくり方

①にんにく、玉ねぎはみじん切りにする。いんげん豆は下ゆでして斜めにスライス、パプリカは細切りにする。レモンはくし形に切る。

②えびは殻つきのまま塩と酒（分量外）をまぶして3〜4分おく。いかはワタと骨を取り除いて輪切りにする。あさりは砂抜きをした後、貝どうしをゴシゴシこすり合わせて洗う。

③鍋に鶏ガラスープを入れて沸かし、魚のあらを入れて中火でしばらく煮る。えび（出てきた黒い汁は入れない）、いかを入れたら火を止める。

④鉄鍋にオリーブ油を熱し、にんにくと玉ねぎを炒める。米、塩、酒、サフラン、ターメリック、粒こしょうを入れ、中火で米が透明になるまで焦がさないように炒める。

⑤③のスープを800cc注いでふたをして弱火で炊く。5分たったらふたを外し、一度米をひっくり返すように混ぜる。10分たったら残りのスープを足し、あさり、③のえびといか、いんげん豆、パプリカを添える。15分たったら火を止めて10分ほど蒸らす。

⑥最後にレモンを並べる。

□メモ

わが家では、火の通りがいい中華鍋でつくります。汁がしみたおこげがおいしいので、弱火で炊き上げます。

□材料（4人分）

- 冬瓜…1/2個（1200g）
- にんにく…1かけ
- フェンネル…少々
- ハーブミックス（下記参照）…小さじ1/2
- 塩…小さじ1
- オリーブ油…大さじ1
- レモン汁…大さじ1
- すだち（好みのかんきつ）…適量

□つくり方

①冬瓜は横半分に切って種を取り、皮をむく。繊維に垂直に薄くスライスする。

②にんにくはみじん切り、フェンネルはやわらかい葉先を手でちぎる。

③食べる直前にすだち以外のすべての材料を混ぜ合わせ、器に盛り、スライスしたすだちをのせる。

冬瓜マリネ

□メモ

冬瓜がしんなりしすぎるとおいしくなくなるので、調味料は食べる直前に合わせ、なるべく白いままいただきます。

□ハーブミックスのこと

畑のバジルとローズマリーを乾燥させてブレンダーで細かくしたものを使っています。オレガノ、マジョラムを好みで足しても。

□高知のかんきつの酢みかん文化

ゆず、ぶしゅかん、なおしち、すだち、だいだい。果実をたべるというより、料理にかけてたべるかんきつ類を高知では酢みかんといいます。うちのタイ料理には、ライムにちかい味のすだちやぶしゅかんをつかいます。夏は青ゆずの皮をそうめんにいれたり、秋のメジカの刺身にはぶしゅかん、冬の鍋物には黄色いゆずを絞ります。高知ではこのようにかんきつをまるで酢のようにつかいます。そのおかげでからだが酸化しない、健康的な食文化です。

畑のぬき菜の循環が、うれしい気もちの循環に

上海の街角で食べた青菜の上海饅頭がおいしくて、翌日雲南省への飛行機のなかでたべようとしたら、おっことして失くしてしまいました。ざんねんなので、家に帰って畑のぬき菜でつくると、おいしくできました。

寒い冬にあつあつをはふはふといってたべます。大根やかぶの間引き菜でつくります。畑とごはんがぐるぐる循環しておなかがいっぱいになるような、こういう循環するレシピがひつようです。

ぬき菜の上海饅頭

●

□**材料**（小さな饅頭16個分）

○**皮**

- 強力粉…400g
- 白神こだま酵母…8g
- 塩…小さじ1
- 砂糖…大さじ3
- ぬるま湯…200cc
- 油…大さじ3

○**具**

- 間引き菜（小松菜、大根など）…250g
- にんにく…2かけ
- しょうが…1かけ
- 塩…小さじ1と1/2
- みりん…大さじ1
- しょうゆ…大さじ1
- ごま油…大さじ2

□**つくり方**

① 皮をつくる。ボウルに強力粉、酵母、塩、砂糖を入れ、ぬるま湯を注いで木べらで混ぜてまとまってきたら油を加えて手でこねる。生地をひとまとめにしてぬれふきんをかぶせ、1時間ぐらい発酵させる。生地が2倍ぐらいにふくらんだら打ち粉（分量外）をした台に取り出し、放射状に16等分にして丸める。

② 具をつくる。間引き菜は細かく刻み、にんにくとしょうがはみじん切りにする。フライパンにごま油を熱して中火で炒め、塩、みりん、しょうゆで味を調える。水分をしっかり飛ばすように炒めたら、冷ましておく。

③ ①の生地を一つずつ手で直径10cmぐらいにのばし、②の具を包む。

④ 蒸気の上がった蒸し器に入れて10分蒸し、火を止めて2～3分蒸らす。

□**メモ**

間引き菜がいっぱい食べられるレシピです。よくばって中身を入れすぎるとはじけます。

ぬき菜の上海饅頭の中身

ぬき菜をごま油で炒めます。これだけでもおかずになりますが、上海饅頭の具に。チャーハンをつくるときに混ぜると高菜炒め風チャーハンになります。

韓国風肉みそ

葉っぱにくるくるまき、手でたべる

だれかがきたらお腹すいてない?ときいてかならずごはんをいっしょにたべます。知らないひとなら、なおさらだし知っているひとでも、いっしょにごはんをたべると、おなじたべものが、おなかにはいって、親しくなります。

在日韓国人の友だちのくみちゃんが、うちに居候したときに、なんども、なんども、つくってくれました。いまもニンニクをたたいてつぶす手のしぐさをつい、まねしてしまいます。つくりながらどんなに差別をされたかをきき、なみだしながらたべました。キムチとともに、こんなにおいしいたべものをつたえてくれた韓国の同胞ありがとう。ともにわかちあい、ともに生きることこそ、いまの時代だから実現したいことです。

韓国風肉みそ

□材料（つくりやすい分量）

○肉みそ

- 豚ひき肉…200g
- にんにく…5かけ
- しょうが…1かけ
- とうがらし…1本
- みそ…50g
- 酒…大さじ2
- みりん…大さじ1
- 砂糖…大さじ1
- ごま油…大さじ1

○ナムル

- にんじん…1本
- ほうれん草…1束
- もやし…1袋
- にんにく…3かけ
- ごま油…大さじ3
- 塩…小さじ1と1/2
- ごま…大さじ3

- レタス…1個
- キムチ（P.92参照）…適量
- ごはん…適量

□つくり方

①肉みそをつくる。にんにく、しょうがはみじん切り、とうがらしは輪切りにする。レタスは洗って水気をふき取る。

②みそ、酒、みりん、砂糖は手でもんで混ぜる。

③鍋にごま油を熱し、にんにくとしょうがを香りが出るまで炒める。ひき肉を入れて強火で炒め、色が変わったらとうがらしを入れる。

④弱火にして②を入れ、つやが出るまで炒めたら火を止める。

⑤ナムルをつくる。にんにくは皮をむき、包丁の腹でつぶしてボウルに入れ、ごま油、塩と合わせておく。

⑥にんじんは6cm長さのせん切りにして1分半、ほうれん草は30秒ゆがき4cm長さに切り、もやしも30秒ゆがく。熱いうちにボウルにそれぞれの野菜を入れて⑤を1/3ずつ加え、手で混ぜる。器に盛り、ごまをふる。

⑦皿に肉みそ、ナムル、キムチを並べ、食べる直前に炊きたてのごはんを盛り、レタスで包んで食べる。

□メモ

にんじんを細かく切って肉みそに加えてもおいしいです。冷蔵で1週間ほど保存可。ごはんにのせてビビンバ風にして食べるのもおすすめ！

かぼちゃのポタージュスープ

□**材料**（4人分）

- かぼちゃ…1/4個
- 無調整豆乳…700cc
- バター（有塩）…小さじ1
- 月桂樹の葉…1枚
- 塩…適量

○**添え**

- パセリ…適量

□**つくり方**

① かぼちゃは種を取って皮をむき、やわらかくなるまでゆがく。

② ミキサーに①と豆乳を入れて攪拌する。

③ 鍋に移して弱火にかけ、バターと月桂樹の葉を入れてあたためる。

④ 器によそい、各自で塩をふり入れて味を調え、好みでパセリを刻んで添える。

□**メモ**

無調整豆乳に塩（にがり）を加えると固まってしまうので、器によそってから好みで塩加減します。

□**かぼちゃや冬瓜のはなし**

小さな玉の冬瓜は銀色で、毛が生えていて、とてもかわいい。2月ごろまで保存がきくので、かぼちゃやさつまいもとともに、長く役立つ野菜です。

カリフラワーのフライ

ごぼう揚げ

ネパールの山のてっぺんで教わった小松菜カレー

ネパールで山登りしました。カトマンズから4時間、石畳をのぼったダンプスに着きました。レストランもない標高3000mのちいさな村。宿のおばあさんが畑で日本のとそっくりな小松菜をとってきて、ささっとつくってくれました。クミンとカルダモンの味のあっさりとしたカレーです。小松菜カレーと一緒に、かならずつくるのが、カリフラワーのフライ。カリフラワーの味がぎゅっとつまって味わいぶかく、苦手だった子どもが好きになりました。

● カリフラワーのフライ

□**材料**（4人分）

- カリフラワー…1個
- パン粉…適量
- 揚げ油…適量

○**衣**

- 薄力粉…50g
- 塩…ひとつまみ
- 水…大さじ5

○**添え**

- キャベツ…1/6個
- レモン…1/2個

□**つくり方**

① カリフラワーは小房に分ける。キャベツはせん切り、レモンはくし形切りにする。

② カリフラワーに衣をつけてパン粉をまぶす。

③ 鍋に油を熱し、中温できつね色になるまで揚げる。

④ 器に盛り、キャベツとレモンを添える。

□**メモ**

パン粉が取れやすいので、ていねいに扱います。ソースをつけていただきます。

● ごぼう揚げ

□**材料**（4人分）

- ごぼう…4、5本
- 片栗粉…50g
- 揚げ油…適量
- 塩またはクミン塩
（クミンひとつまみ+塩大さじ1）…適量

□**つくり方**

① ごぼうはタワシなどで土を落として洗い、5cm長さに切って水にさらす。太いものは縦半分に割る。

② 水気をきり、片栗粉をまぶして中温でからっと揚げる。

③ 塩やクミン塩をつけて食べる。

□**メモ**

ごぼうは袋に入れて冷蔵で保存すると甘くなっておいしいです。

小松菜カレー

□材料（4人分）

- 小松菜…1束（200g）
- 玉ねぎ…大1個
- じゃがいも（あれば男爵）…1個
- にんにく…3かけ
- しょうが…1かけ
- 鶏ガラスープ（P.52参照）…300cc
- 塩…小さじ1と1/2
- 油…大さじ5
- バター（有塩）…大さじ1
- クミンシード…小さじ1
- カルダモン…1粒
- ごはん…適量

○スパイス

- ターメリックパウダー…小さじ3
- クミンパウダー…小さじ1
- ガラムマサラ…小さじ1

□つくり方

①玉ねぎはくし形切り、じゃがいもはせん切り、小松菜は4cm長さに切る。にんにく、しょうがはすりおろす。

②鍋に油を熱して玉ねぎと塩を入れ、中火でこんがりきつね色になるまで炒めたらじゃがいもを加える。じゃがいもが透き通ってきたら、にんにく、しょうが、すべてのスパイスを入れ、香りが出るまで炒める。

③鶏ガラスープを入れて、じゃがいもが煮くずれるまで煮る。最後に小松菜を入れる。

④別鍋にバターとクミンシードとカルダモンを入れて弱火で炒め、クミンシードが茶色くなってきたら③の鍋に加える。ひと混ぜして火を止める。

⑤皿にごはんを盛り、カレーをよそう。

□メモ

具材に鶏肉またはえび、仕上げにココナッツミルクを加えてもおいしいです。大人はとうがらしなどを加えて好みの辛さに調整してください。じゃがいもは、ほくほくする男爵がおすすめ。小松菜のほか、ほうれん草などの青菜でもおいしいです。

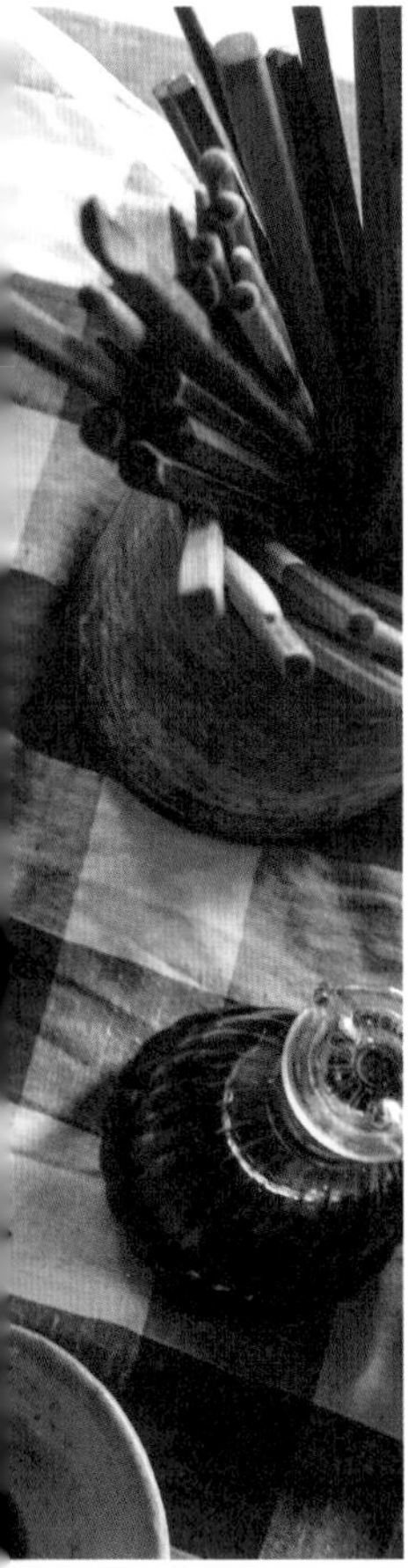

里芋のきぬかつぎ

　母がとてもすきで、畑で里芋を毎年育てていました。9月のお月見のときに三宝にのせてすすきと神さまにお供えします。蒸して、しょうがとたまりじょうゆでたべるのが、シンプルで大好きです。里芋はお米以前に、縄文人も栽培していたらしい。だから縄文人の気もちになってたべます。

□**材料**（4人分）

- 里芋…小12個
- しょうが…適量
- しょうゆ…適量

□**つくり方**

①里芋は外側のけばけばをたわしでこすってきれいに取り、おしりの部分を切り落とす。
②蒸し器に皮ごと入れ、竹串が通るくらいまで蒸す。
③しょうがはすりおろす。
④箸に里芋をさして皮をむき、しょうがとしょうゆをつけて食べる。

□**メモ**

シンプルに塩で食べてもおいしいです。

豆乳ヨーグルト

□**材料**（つくりやすい分量）

- 豆乳
  （大豆固形分10％）…1ℓ
- 発酵菌…5g

□**つくり方**

①豆乳に発酵菌を混ぜる。
②ヨーグルトウォーマーで8時間保温して発酵させる。
③ハンドミキサーでよく混ぜてから食べる。

□**メモ**

赤穂化成こだわりの豆乳と青山食品のヨーグルトウォーマーと菌を愛用。菌は継いでいくので、最初だけ菌種を使います。

グラノラ

□**材料**（つくりやすい分量）

- オーツ麦…130g
- 米粉（または薄力粉）…70g
- 砂糖…40g
- 油…35g
- 豆乳（または水）…40g
- ココナッツファイン…10g
- お好みのナッツ…適量

□**つくり方**

①トースター（オーブン）を140℃に予熱する。
②すべての材料を混ぜ合わせ、天板に平たく広げる。
③途中で2～3回反転させながら、45分焼く（焼き上がりの目安は、粗熱が取れた時にカリッとなるくらい）。

□**メモ**

豆乳ヨーグルトや、はちみつと合わせて食べます。ココナッツファインやナッツが入ると、コクが出ておいしくなります。保存ビンに入れて夏は冷蔵で、冬は常温で保存可。上記レシピの油と豆乳を少し増やし、めん棒で平たくして焼くと、グラノラクッキーができます！

冬の畑

winter

ふゆる季節だから冬といいます。そのとおり冬の畑はしーんとして、ものがなしい。草もはえないし、ほとんど葉物や大根やかぶなど植えたものを採りにいくだけです。

けれども土のなかには生命力が、ふくふくとたくわえられている、ふゆる季節です。ほうれん草はロゼット化して甘くなります。朝の畑に行くと、霜がおりてたり、雪が積もったりして、白菜もブロッコリーやカリフラワーもみんな凍っています。それでも、太陽の陽がさしてくると、ふだんの野菜にもどります。この寒さが葉物などの植物たちを、おいしく甘くします。じぶんの畑の白菜やほうれん草や小松菜やルッコラなど、まいにち収穫して、たべるものがふんだんにあれば、畑とつながるごはんつくりが楽しみです。

冬のおわりのころには、土のなかにいるひとたち、にんにくや玉ねぎに米ぬかやもみ殻をぱらぱらとまいてやります。田んぼは冬水田んぼにしておくと生きものたちが喜びます。

ゆみこよみ

12月

- かんぴょうを干す
- 果樹の苗にこもをまく
- 大雪《たいせつ》のころ薪ストーブを焚く
- 干し芋をつくる
- 冬至にたくあんをつくる
- 切り干し大根を干す
- みしょう柑に袋がけをする

1月

- かぶやほうれん草の収穫
- 大寒にみそを仕込む
- 玉ねぎとにんにくに、米ぬかともみ殻くん炭をまく

2月

- 立春に梅の花が咲く
- 雨水のころ、果樹の根元に油かすや灰をまく
- 雨水のころ、田んぼを耕す
- 日本みつばちが活動をはじめる

冬の畑の野菜たち

チンゲン菜
ターサイ
玉ねぎ
にんにく
キャベツ
ちしゃ菜
ブロッコリー
カリフラワー
ほうれん草
さやえんどう
スナップえんどう
白菜
キャベツ
かぶ
大根

高菜
ばしょう菜
ルッコラ
赤かぶ
にんじん
フェンネル
そら豆
菊芋
インカのめざめ
レタス
ミント
水菜
春菊
小松菜
にら

にんにくとしょうががたっぷり、風邪にバイバイするための鍋

かぞくのたべ歩きで、京都の街角の小料理屋さんでたべた味が、わが家にやってきたはじまりです。菜っ葉が、小松菜だったか、ほうれん草だったか、小学生のころの記憶なのではっきりしません。でもいまではほうれん草鍋のために、しょうがとにんにくを種まで保存し、完全に自給自足しています。青葉市子ちゃんが「風邪バイバイの鍋」となまえをつけてくれました。たしかにちょっと風邪気味だなとおもったときにたべると、汗をかくのですっかりよくなります。

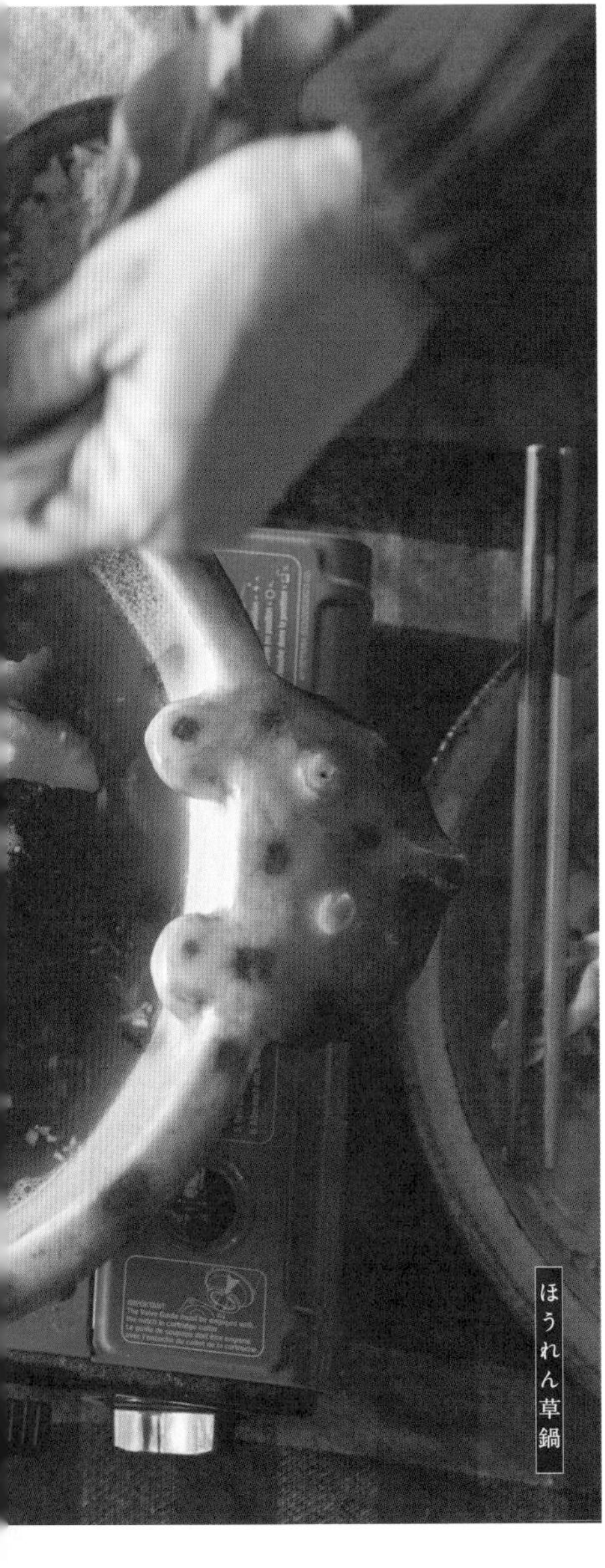

ほうれん草鍋

ほうれん草鍋

□**材料**（4人分）

- ほうれん草…2束
- 豚バラ肉…200g
- にんにく…10かけ
- しょうが…2かけ
- 昆布とかつおのだし（P.99参照）…2ℓ
- しょうゆ…大さじ4
- 酒…大さじ2
- 塩…大さじ1

○**シメ用**

- 中華麺（生または乾）…適量

□**つくり方**

①にんにく、しょうがはみじん切りにする。

②鍋に昆布とかつおのだしを入れて中火にかける。しょうゆ、酒、塩を入れ、味をみながら好みで加減してスープをつくる（スープは半量ほどとっておき、足しながら食べる）。

③①を入れ、くつくつ煮立ってきたら豚肉を入れる。ほうれん草を手でちぎって入れ、火が通ったら食べる（にんにく、しょうが、豚肉、ほうれん草も半量ほどとっておき、足しながら食べる）。

④具材が少なくなったら、シメに麺を入れて食べる。

□**メモ**

ほうれん草は手でちぎって入れます。葛きりや春雨を加えてもおいしいです。

しょうがの梅酢漬け

□**材料**（つくりやすい分量）

- 新しょうが…1kg
- 梅酢（P.124参照）…2と1/4カップ
- 塩…70g
- 酒…大さじ8
- みりん…大さじ4

□**つくり方**

①新しょうがは皮ごと洗いスプーンでこすって皮をむき、4cm長さに切って塩をもみ込む。ビンか琺瑯の容器に入れて重し（しょうがの重量の2倍ぐらいの重さ）をのせ、2〜3日おく。

②容器から取り出して水に3〜4時間つけて塩抜きし、半日くらい天日干しして乾かす。

③ビンは熱湯をまわしかけて消毒し、乾かしておく。

④ビンに②、梅酢、酒、みりんを入れる。

□**メモ**

②の塩抜きは、梅酢の塩加減に合わせて調節します。常温で2〜3か月、その後は冷蔵で保存を。

ガリ

□**材料**（つくりやすい分量）

- 新しょうが…1kg
- 酢…3カップ
- 砂糖…1カップ
- 水…1カップ
- 塩…小さじ2

□**つくり方**

①新しょうがは皮をむき、繊維にそって縦にスライスする。さっとゆがいたらざるに上げ、冷ます。

②鍋に酢、砂糖、水、塩を入れて中火にかけ、砂糖が溶けたら火を止めて冷ます。

③ビンは上記の③と同様に消毒し、①と②を入れる。

□**メモ**

秋に収穫したみずみずしい新しょうがの甘酢漬けガリ。ひねしょうがでもつくれます。常温で半年、その後は冷蔵で保存します。

セツロー風キムチ

□**材料**（つくりやすい分量）

- 白菜…1個
- 塩…白菜の重量の3％
- にんじん…1本（約100g）
- りんご…2個
- にら（なければ細ねぎ）…3本
- しょうが…2かけ
- にんにく…5かけ
- 松の実
  （なければひまわりの種）…20g
- 粉とうがらし…200g
- ナンプラー…30g

○**のり用米粉**

- 米粉…40g
- 水…200cc

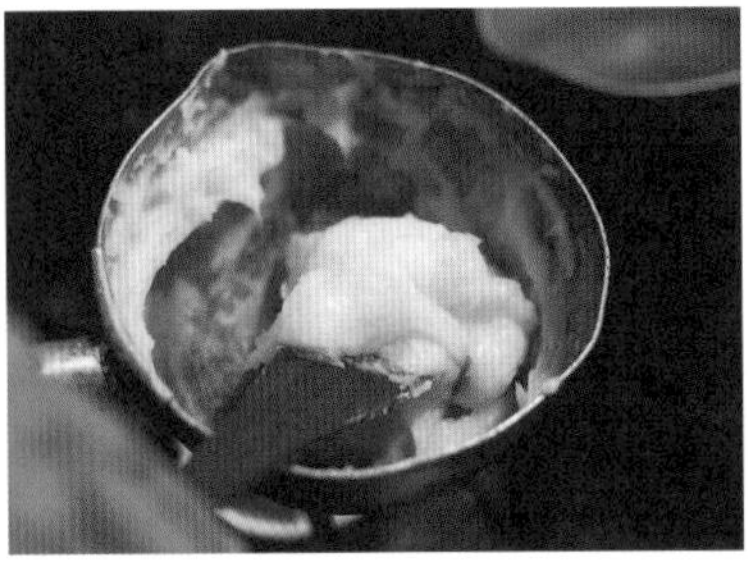

□**つくり方**

①白菜は6等分に切って半日、天日干しする。かたい芯の部分だけ取り除き、6cm長さに切る。

②琺瑯容器などに塩と白菜を交互に入れ、重しをしておく（半日を目安に、白菜がしんなりしすぎず、少しぱりっとした感じが残るぐらい）。

③米粉でのりをつくる。小さな鍋に米粉と水を入れて弱火にかけ、ダマにならないようにぐるぐるかき混ぜる。とろみが出てくるので、かたくなったら水（分量外）を足す。表面に光沢が出て、のりのようになったら火を止めて冷ます。

④にんじん、しょうがはせん切りにする。りんご、にんにくは皮をむいてすりおろす（りんごは皮だけむいて芯は取らない。種は後で取り除く）。にらは5cm長さに切る。

⑤白菜をざるに上げて水気をきり、手でぎゅーっと絞る。

⑥琺瑯容器などに③、④、⑤、にら、松の実、粉とうがらし、ナンプラーを入れ、手でもみ込むように混ぜる。

□**メモ**

キムチを手づくりすると汁までおいしく、まるごと食べられます。残った汁でキムチ鍋（P.94）をつくります。冷蔵で2〜3週間（冬は外で）保存可。

キムチ鍋

□**材料**（4人分）

- 豆腐…1/2丁
- 豚バラ肉…200g
- たこ…100g
- にら…100g
- 白ねぎ…1/2本
- 春菊…1/2束
- えのき…適量
- しいたけ…適量
- しめじ…適量
- 鶏ガラスープ（P.52参照）…750cc
- キムチの漬け汁…200〜400cc
- 赤みそ…100g
- 酒…大さじ2
- 砂糖…大さじ1

○**シメ用**

- もち…適量
- 中華麺（乾）…適量

□**つくり方**

① 豆腐は4等分に切り、たこはぶつ切り、にらは5cmの長さに切る。白ねぎは斜めにざく切り、春菊は半分に切る。きのこ類は石づきを切り落とす。赤みそはみりんか酒少々（分量外）で溶いておく。

② 土鍋に鶏ガラスープ、キムチの漬け汁、赤みそ、酒、砂糖を入れて沸かす。

③ 豆腐、豚肉、たこを入れて中火にし、火が通ったら、にら、白ねぎ、春菊、きのこも入れて弱火にする。野菜に火が通ったら食べる。

④ 具材が少なくなったら、シメにもち、麺を入れて食べる。

□**メモ**

海鮮キムチ鍋は、たこ、えび、豆腐、にら、もやしで同じようにつくります。

すきやき

□**材料**（4人分）

- 牛肉（すきやき用）…100g
- ごぼう…1本
- 車麩…3枚
- しらたき…1袋
- 木綿豆腐…1丁
- にんにく葉（なければ白ねぎ）…1束
- しいたけ…5個
- ごま油…大さじ2
- 卵…4個

○**だし**

- うどんのつゆ（P.26参照）…500cc
- しょうゆ…大さじ3
- 砂糖…大さじ3

○**シメ用**

- もち…4個

□**つくり方**

①ごぼうはタワシなどで土を落として洗い、2㎜厚さの斜め切りにする。車麩は水でもどして1枚を6等分する。しらたきはゆがいて食べやすい長さに、豆腐は大きめの四角形に、にんにく葉は5㎝長さに切る。しいたけは半分に切る。

②鍋にごま油を熱してごぼうを炒める。ごぼうが透き通ってきたら、車麩、しらたき、豆腐、にんにく葉、しいたけを入れ、うどんのつゆを注ぐ。

③くつくつ煮えてきたら中火にして牛肉を入れ、しょうゆ、砂糖で味を調える。卵を器に割りほぐし、牛肉に火が通ったらつけて食べる。

④シメにもちを入れる。

□**メモ**

麩とごぼうをたっぷり食べられるすき焼きです！

かぞくの愛する お雑煮とだご汁

お正月にみんなでたべる、お雑煮のだしが大好きです。好きすぎて、ふつうのお昼ごはんにもつくります。

かつおとこんぶのだしをきちんととるとお汁が、からだにしみわたります。わが家のお雑煮は母方の名古屋風。薄味のしょうゆのお汁に鶏肉、大根、にんじん、ほうれん草、八つ頭がはいります。

わたしの住んでいる高知の村では山の神さまのもちまきが秋に4回もあります。みんなでひろうので、おもちはいつも冷凍庫にたっぷりとあります。この村びとがつくり、丸めるおもちが、とびきりおいしいのです。

昆布とかつおのだしで、子どもの好きな小麦粉のだんごをいれただご汁。だご汁もごぼう味がほっこりでおいしい。いりこごはんとだご汁の献立で、よくつくるごはんのひとつです。

だご汁
いりごはん

だご汁

□**材料**（4人分）

- 昆布とかつおのだし（左記参照）…800cc
- ごぼう…1/2本
- にんじん…1/4本（100g）
- 大根…200g
- 鶏もも肉…60g
- 細ねぎ（または白ねぎ）…2本
- 塩…大さじ1/2
- しょうゆ…小さじ1

○**だご**

- 薄力粉…100g
- 塩…ひとつまみ
- 熱湯…100cc

□**メモ**

だごは、鍋の汁がぐつぐつ煮立ったところに入れます。

□**つくり方**

①ごぼうはささがき、にんじんはスライス、大根は短冊切り、鶏肉は1cm角に切る。

②細ねぎは1.5cm長さにざくざく切る。

③鍋に昆布とかつおのだしを入れ、①、塩、しょうゆを入れて中火で具材に火が通るまで煮る。

④だごをつくる。薄力粉と塩を混ぜ、まんなかにくぼみをつくって熱湯を注ぎ、スプーンで練る。

⑤③の汁を煮立て、スプーンでだごを入れて中火で煮る。だごが透き通ってうついてきたら、細ねぎを入れて火を止める。

いりこごはん

□**材料**（4人分）

- 米…3合
- いりこ…6匹
- にんじん…1/4本
- 大根…200g
- ごぼう…1/4本
- 油揚げ…1/2枚

○**調味料**

- しょうゆ…小さじ1
- 酒…小さじ2
- 塩…小さじ2

□**つくり方**

①米はとぎ、30分浸水させたら、水気をきっておく。いりこは腹ワタと頭を取る。にんじん、大根は短冊切り、ごぼうはささがき、油揚げは細切りにする。

②土鍋に①を入れ、水600cc（分量外）と調味料を入れて炊く。

青と赤のゆずこしょう

□**材料**（つくりやすい分量）

- 青ゆず…5個
  （皮5個分+果汁2個分）
- 青とうがらし…10本
- 塩…ゆずの重量の20%

□**つくり方**

①青ゆずは皮をすりおろす。2個分だけ果汁を絞る。

②ミキサーにすべての材料を入れて撹拌する。

□**メモ**

赤ゆずこしょうは、黄ゆずと赤とうがらしでつくります。冷蔵で1か月保存可。冷凍保存もできます。残りのゆずは果汁を絞り、ぽん酢に。

昆布とかつおのだし

□**材料**

（昆布とかつおのだし1ℓ分）

- 昆布（10㎝角）…1枚
- かつお節…1〜2カップ
- 水…1ℓ

□**つくり方**

鍋に昆布と水を入れて中火にかける。沸騰する直前に昆布を取り出してかつお節を入れ、火を止めて2分くらいおいたらこす。

栗クリーム

□ **材料**（つくりやすい分量）

- 栗…500g（正味350g）
- 豆乳または生クリーム
…100cc
- 砂糖…大さじ3
- まんこい
（奄美の黒糖焼酎・ラム酒で代用可）
…大さじ1

□ **つくり方**

①栗は水から1時間ほどゆがく。

②粗熱が取れたら包丁で縦半分に切り、実をスプーンですくう。

③ミキサーに栗、豆乳または生クリーム、砂糖、まんこいを入れて攪拌する。

□ **メモ**

ケーキやタルトなどにも使えます。パンにぬってもおいしいです。

栗クリームとそば粉のガレット

そば粉のガレット

□ **材料**（8枚分）

- そば粉…80g
- 薄力粉…20g
- 塩…ひとつまみ
- 水…200cc
- 油…適量
- 栗クリーム（上記参照）…適量

□ **つくり方**

①そば粉、薄力粉、塩、水を混ぜ合わせて一晩おく。

②鉄板に薄く油をひき、①の生地をお玉などで直径10cmにのばし、ふちにこんがり焼き色がつくまで両面焼く。

③冷めたら、栗クリームをのせてくるくる巻いて食べる。

□ **メモ**

素朴な味なので、ジャムやホイップクリーム、あんこなど何を巻いてもおいしいです。

ぜんざい

□ **材料**（4人分）

- 小豆…1カップ
- 水…3カップ
- 塩…小さじ1
- 砂糖…大さじ5
- 白玉だんご…適量

□ **つくり方**

①小豆を洗う。圧力鍋に小豆と水を入れて強火にかける。重りがふれだしたら弱火にして15分炊く。火を止めて20分蒸らす。

②ふたをあけて塩、砂糖を入れて中火で5分ほど煮る。

③器に白玉だんごを入れ、②を注ぐ。

□ **メモ**

ぜんざいを煮つめ、ココナッツミルク（牛乳でも）、糸寒天を鍋で溶かしたものを混ぜて、ガラスの容器に入れて固めると、2層のタイ風お菓子にも。

季節をめぐるおかず

干しえびと冬瓜の煮物

□**材料**（4人分）
- 冬瓜…1/4個
- かぼちゃ…1/4個
- 高野豆腐…2枚
- こんにゃく…1/2枚
- 干しえび…5g
- オクラ…5本
- 昆布とかつおのだし（P.99参照）…1ℓ

○**調味料**
- しょうゆ…小さじ1
- みりん…大さじ2
- 酒…大さじ2
- 砂糖…大さじ1
- 塩…小さじ2

○**水溶き片栗粉**（溶いておく）
- 片栗粉…大さじ3
- 水…適量

□**つくり方**

①干しえびは水でもどす。高野豆腐は水でもどし、水の中でもんでから絞って半分に切る。こんにゃくは三角形に4等分にする。

②冬瓜は皮をむいて大きめに切り、かために下ゆでする。かぼちゃは種を取って大きめに切り、ふたがきっちりしまる鍋に入れ、水500cc、塩小さじ1と砂糖大さじ1（各分量外）を入れてかために蒸す。

③別鍋に昆布とかつおのだしに干しえびを入れ、中火でしばらく煮る。

④②と高野豆腐、こんにゃく、調味料を入れ、落としぶたをして10分ほど煮る。

⑤最後にオクラを加え、水溶き片栗粉を入れてとろみをつける。

□**メモ**

具材はかみごたえがあるように大きく切るのがポイント。高野豆腐はよくもんでくさみを取り除きます。

野菜の揚げびたし

□**材料**（4人分）
- かぼちゃ…1/4個
- なす…2本
- いんげん豆…8本
- ししとう（またはピーマン）…8個
- しょうが…1かけ
- 昆布とかつおのだし（P.99参照）…500cc
- だししょうゆ（P.25参照）…50cc
- 揚げ油…適量

□**つくり方**

①かぼちゃは種を取って1㎝厚さに切り、なすは縦半分に切って皮に切れ目を入れる。いんげん豆はすじを取り、ししとうは破裂しないように竹串などで穴をあけておく。しょうがはすりおろす。

②鍋に昆布とかつおのだし、だししょうゆを入れて加熱し、煮立ったら火を止めて冷ます。

③①の野菜を素揚げにする。

④だしが冷めたら素揚げした野菜を入れ、器に盛ってしょうがのすりおろしを添える。

□**メモ**

夏は冷蔵庫で冷やし、春秋冬は揚げたてや常温で。

さつまいもコロッケ

□材料（4人分）

- さつまいも…2本
- 玉ねぎ…1/2個
- 油…小さじ1
- 塩…小さじ1/2
- こしょう…小さじ1/2
- ナツメグパウダー…小さじ1/4
- 水（または豆乳）…大さじ2
- 揚げ油…適量

○衣

- 薄力粉…適量
- 卵…1個
- パン粉…適量

□つくり方

①玉ねぎはみじん切りにする。フライパンに油を熱して玉ねぎを炒める。塩、こしょう、ナツメグパウダーをふり、冷ます。

②さつまいもは蒸し器で蒸して皮をむき熱いうちにつぶす。①、水を合わせて混ぜ、8等分にして丸める。

③衣を順につけて中温でこんがりきつね色になるまで揚げる。

□メモ

さつまいもは、かぼちゃやじゃがいもでもOK。

タイ風青菜炒め

□**材料**（4人分）

- 青菜（空芯菜、小松菜、ほうれん草）…1束（150g）
- にんにく…3かけ
- とうがらし…2本
- ナンプラー…大さじ1
- みりん…大さじ1
- こしょう…少々
- 油…大さじ2

□**つくり方**

①青菜は4cm長さに切る。にんにくは包丁の腹でつぶし、とうがらしは4等分に切る。

②フライパンに油を熱し、にんにくをこんがりするまで炒める。青菜の茎を入れて強火にし、少し炒めたら葉も加えて炒める。

③とうがらし、ナンプラー、みりん、こしょうを入れ、さっと炒めたら火を止める。

□**メモ**

強火で炒めて短時間で仕上げます。

ひじきの炒め煮

□**材料**（4人分）

- ひじき（乾燥）…30g
- ごぼう…1/3本
- にんじん…1/4本
- 油揚げ…1/2枚
- えのき…1/4束
- しょうゆ…大さじ2
- みりん…大さじ2
- 油…大さじ1
- ごま油…小さじ1

□**つくり方**

①ひじきは水でもどしてざるに上げておく。ごぼうはタワシで土を洗い、ささがきにして水にさらす。にんじんは薄切りにする。油揚げは細切り、えのきはざく切りにする。

②鍋に油を熱してごぼうとにんじんを炒める。ごぼうが透き通ってきたら、ひじきを入れて中火で炒め、油揚げとえのきを入れる。

③しょうゆ、みりんで味を調えて、最後にごま油をまわし入れて火を止める。

□**メモ**

ひじきはもどしすぎないように！さっと手早く、炒めすぎないように仕上げます。

北京風じゃがいも炒め

□**材料**（4人分）

- じゃがいも
  （あればメークイン）
  …大4個
- しょうが…1/2かけ
  （約5g）
- 白ねぎ…1本
- パプリカ…1/2個
- とうがらし…1本
- 油（あれば山椒油）
  …大さじ2
- 塩…小さじ1
- こしょう…少々
- 砂糖…大さじ1
- 黒酢…大さじ2

□**つくり方**

①じゃがいもは縦長にせん切りにして水にさらす。しょうがはせん切り、ねぎはみじん切り、パプリカは細切りにする。

②フライパンに油を熱してしょうが、ねぎ、とうがらしを入れ、弱火で香りが出るまで炒める（焦げないように注意する）。

③じゃがいもの水気をよくきって入れ、強火にして炒める。塩、こしょう、砂糖、黒酢、パプリカを加えてさらに炒め、じゃがいもが透き通ったら火を止める。

□**メモ**

じゃがいもは水にさらしてから炒めます。シャキシャキとした食感を残すためにさっとつくります。

黒酢あえ（大根のぬき菜・きくらげ・切り干し大根）

大根のぬき菜の黒酢あえ

□**材料**（つくりやすい分量）

- ぬき菜…300g
- にんにく…2かけ
- しょうが…1かけ
- 黒酢…大さじ1
- みそ…大さじ1
- みりん…大さじ1

□**つくり方**

①にんにく、しょうがはみじん切りにする。

②調味料と①を混ぜる。

③ぬき菜と②のたれを手であえる。

□**メモ**

小松菜でつくってもおいしいです。

乾物の黒酢あえ

□**材料**（つくりやすい分量）

- きくらげ…25g
  または切り干し大根…60g
- にんにく…2かけ
- しょうが…1かけ
- とうがらし…1本
- しょうゆ…大さじ2
- 黒酢…大さじ1
- みりん…大さじ2

□**つくり方**

①きくらげ（または切り干し大根）は水でもどし、水気をきって手でよく絞る。にんにく、しょうがはみじん切りにする。

②しょうゆ、黒酢、みりんを合わせる。

③すべての材料を合わせ、手でもんで混ぜる。

□**メモ**

乾物は手でもむと味がよくしみます。おいしい切り干し大根でつくるのがポイントです！

畑の手帖

土に還る台所

薪ストーブやお風呂の灰が台所のせっけんやクレンザーのかわりになります。排水が田んぼへ流れ灰がお米の栄養に。これが灰の循環です。水を汚さないため、カレーなどもスクレーパーでとって布のかけらでふきます。野菜のへたやごはんのくずなどは、にわとりへ。こんどは鶏のうんちが土に還ります。道具もまた土に還るものが、手にしっくりきます。木のへらやへちまのタワシ、クバのうちわ。土ものの器やもんぺなどつかいやすいものも、やがて、土に還る素材が安心です。土ものの器を洗いあげたあとは、竹かごにいれて太陽に干します。土と水と太陽が、すべての生きものにひつようです。くるくる土と水の循環が、わたしの畑と台所のくらしをつくります。

土に還る道具たち

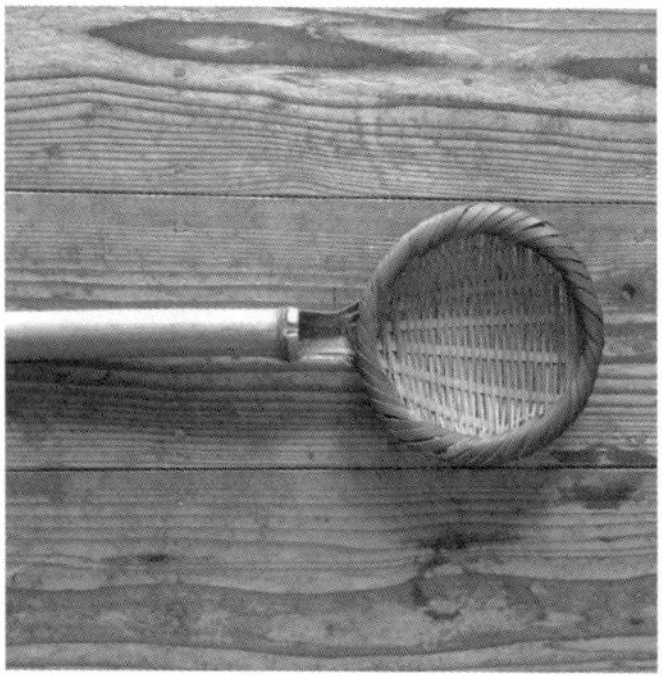

● 竹のみそこし
高知の山崎大造くんのみそこし。

● タイの農民服
タイの農民とつながるために
畑や田んぼで着ます。

● タイのアルミのざる
手でぽつぽつと穴を
あけてあるところが好きなざる。

● 畑もんぺ
スカートのしたにもんぺの
重ねばきをするのは、虫や蛇よけ。

● 石垣島のクバのうちわ
クバは神聖な植物だから美しい。

● すり鉢とすりこぎ
すり鉢は祖母からのおくりもの。
友人の手づくりの山椒の木のすりこぎ。

●小野哲平の大皿

ちょっぽりのおかずでも、
大皿に盛り付けるとおいしくなる。

●手づくりの木のさじ

テッペイの父、セツローさんの手仕事
とタイの山岳少数民族の手仕事。

●床が食卓になるパッカマー

タイ人が頭や腰に巻いたり、赤ちゃんを
抱っこしたり、タオルがわりにつかう布。

●片手なべ

取っ手がとれても
畑のくわの柄で直します。

●愛用の包丁

愛する包丁があることで料理が楽しい。

●ちくちくぞうきん

わたしの着古した服の布を
ちくちくしたぞうきん。

愛用の調味料

塩やしょうゆや米油やお酢など、いつもつかうものは、添加物のないなるべく、からだにいいものを選びましょう。ちょっとの味つけで、おいしくなります。こうした調味料は、畑ごはんや台所をつくるときのきほんになるものです。

30年使い続けた愛用のしょうゆが近ごろ製造されなくなってしまいました。わたしのごはんの土台になる味がなくなり、別の大豆と塩だけでつくるしょうゆをさがしました。良いものは、つかうことで生産者を支えることにもなり、ひとつの経済の循環になるのではないでしょうか。

みそは畑でつくった大豆にやえちゃんの大豆もたして1年分をつくります。買うのとちがって、1年分がおうちにあると、備蓄にもなり、なにがあってもだいじょうぶというような、安心感があります。塩や砂糖、基本的な調味料の備蓄もだいじです。

上の写真（左から）：ブルグル／DURU、いりこ／やまくに、ひじき／祝井島・浮島、有機オートミール／アリサン、干し大根／韮生里（良心市）
下の写真（左から）：ごま油／かどや純正ごま油（濃口）・九鬼太白ごま油、しょうゆ／マルシマしょうゆ（濃口）1.8ℓ・黒怒　三年熟成本たまり1.8ℓ、酢／千鳥酢、みりん／味の母、ぶしゅかん酢／韮生里（良心市）、ナンプラー／タイ、黒酢／鎮江香酢、砂糖／粗製糖（種子島）、塩／カンホアの塩と土佐天日塩あまみ

24年まえのちいさな畑

24年まえに常滑から高知の山のてっぺんに移住しました。それまでは、子連れでアジアを旅していたのですが、旅するためにベースキャンプみたいな、お家を建てました。

わたしの畑のはじまりは、台所のデッキのまえのちいさな畑でした。古い枕木で四角く囲ってつくりました。まいにちのごはんにひつような薬味ねぎ、しそ、パセリ、セロリ、バジル、ルッコラ、パクチー、レタスを密植していました。買ってきたねぎも根元を5㎝ほどのこして土に植えるとまたねぎに育ちます。しそも1、2本もあれば、だいじょうぶです。台所の近くの畑に、いつもルッコラなどの緑があればスープやちらし寿司の色どりになります。ちいさな薬味のものが、良いはたらきをします。畑がちいさくても種まきのときに密植したり、育ったしその根元にパクチーの種をまき、時期をずらして、たてによこに、いろいろ植えられるとわかりました。台所とつながる、このちいさな畑がわたしの畑のはじまりです。いまでは農業従事者として田んぼ1反と畑2反、果樹園1反を耕します。ちいさな畑は2畝になり、ラブミー畑と呼んでいます。

24年めの畑と田んぼ・うねうねマップ

❹ブータン畑

もともと田んぼだった4段を畑にしました。里芋に1段、なすやピーマンやししとうに1段、大根に1段、スナップえんどうに1段というように。それぞれ、大豆をつくったあとに、つかいまわします。

❺ガンジー畑

日陰の畑なので、夏はしょうがと里芋、冬は玉ねぎを植えます。廃菌床をいれるとふかふかになり、耕さなくても、しょうがと里芋ができました。耕さない玉ねぎはどうかな。このあと結果がでます。

❻スーダラ畑

山土だった畑に、さいしょ、さつまいもやじゃがいもを植えたら、とてもおいしくできました。冬はにんにくや、玉ねぎ、ブロッコリーやカリフラワー、キャベツ、チンゲン菜を植えています。

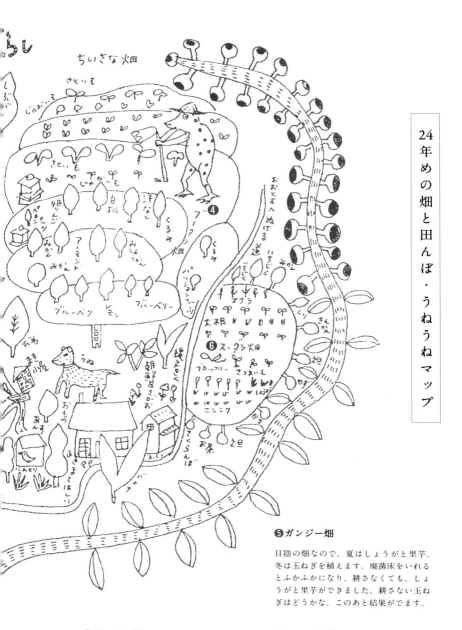

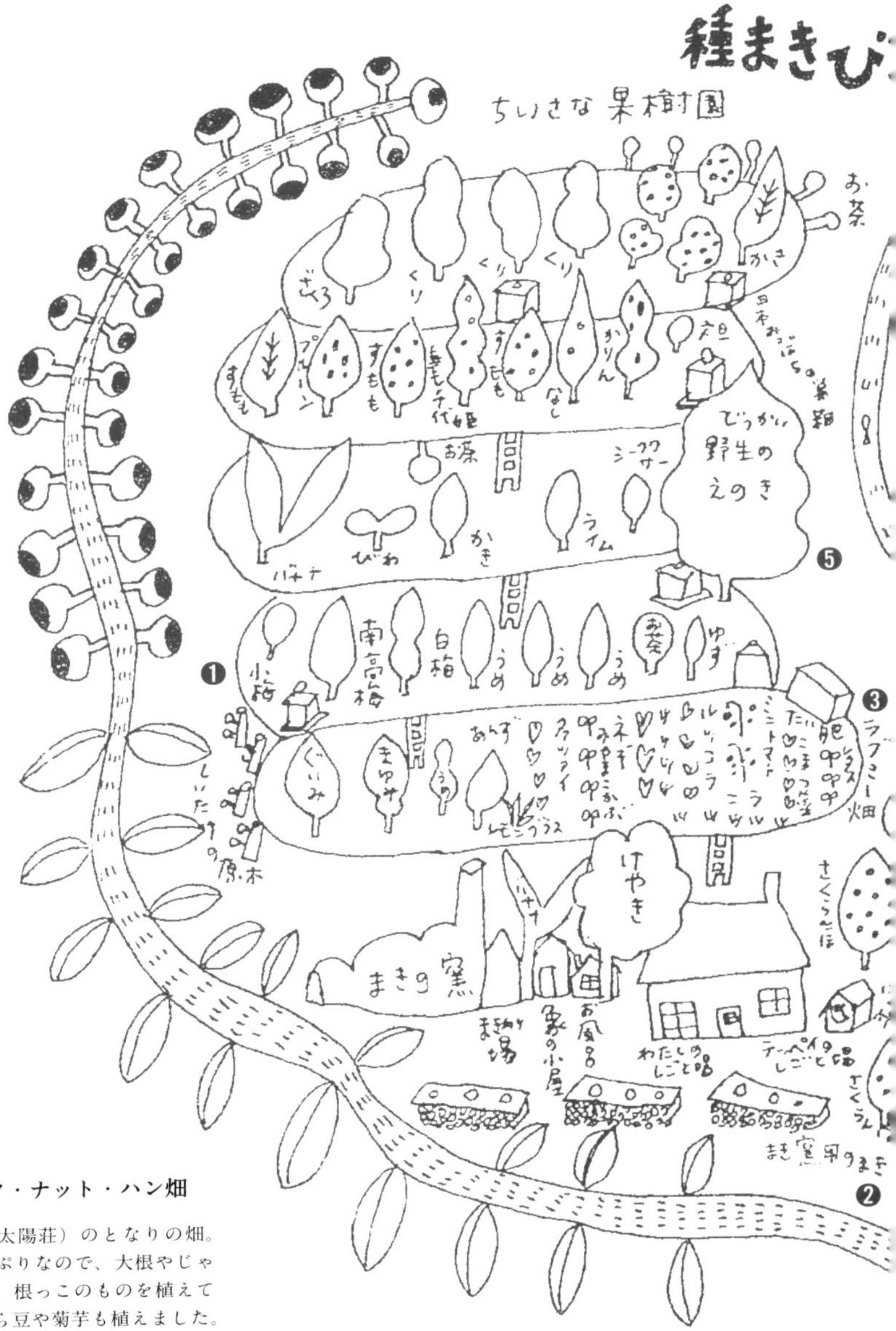

❶ティック・ナット・ハン畑

弟子の寮（太陽荘）のとなりの畑。栄養がたっぷりなので、大根やじゃがいもなど、根っこのものを植えています。そら豆や菊芋も植えました。

❷ダライ・ラマ田んぼ

土着のくらしにあこがれます。田んぼがあると安心です。村人とおなじ目線でしごとができます。無農薬の田んぼなので、夏の草とりをのりきれば、秋の黄金色の田んぼがうつくしい。冬には冬水田んぼが楽しみです。

❸ラブミー畑

台所のすぐそばにあるちいさな畑なので、すぐつかう、ねぎ、バジル、パクチー、セロリ、レタス、ルッコラ、小松菜、春菊、夏はミニトマトが植えてあります。堆肥の箱も2つあり、台所からでる野菜のへたなどを、バケツで運びます。

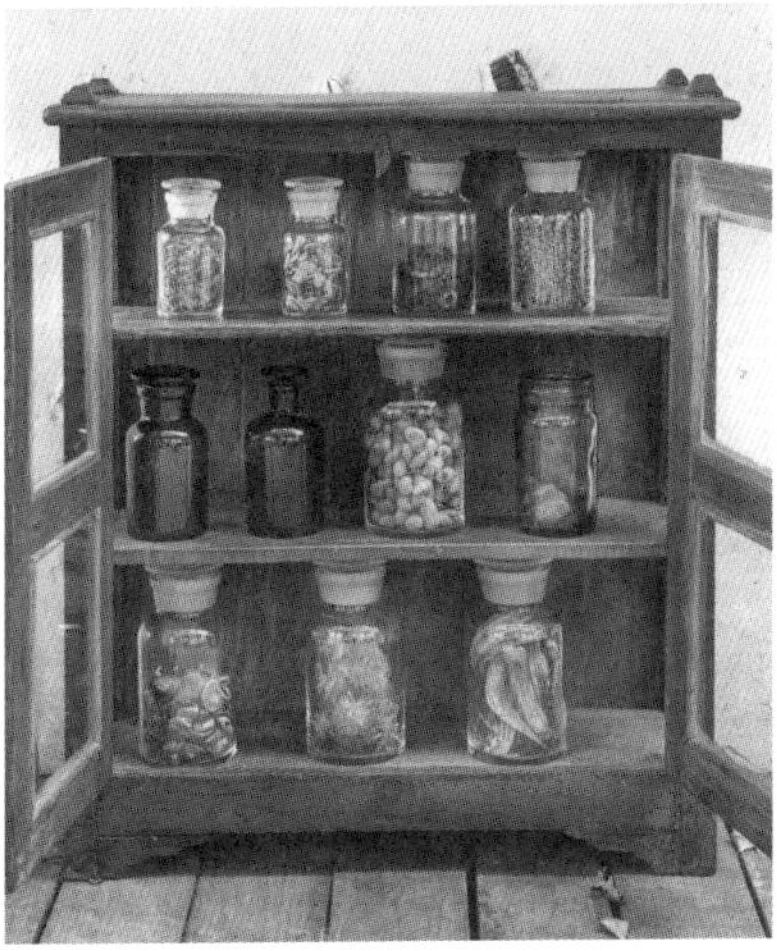

やえちゃんの種のはなし

やえちゃんはわたしの畑の師匠です。20年くらいまえからおそわっています。ことし80歳のやえちゃんから茶豆の種をもらいました。茶豆はいんげんのなかまです。やえちゃんから教わった植え方は、7月15日の夏祭りの日に植えること。台風で倒れないよう種4つを5㎝の四角に植えて、4ついっしょに巻いて育つようにということでした。育てていると、道ゆく人にえらいねとほめられました。なぜかときくと第二次世界大戦後お米の不作な年に、村のみんなの栄養源になったというお話でした。

一度種を絶やしそうになったので、安芸《あき》豆といっしょに植えたら交配して、ほとんど安芸豆になってしまいました。もういちど、茶豆にもどるだろうか。いんげんでもたべられるけれど、豆になると、ピンク色、干したらあずき色になり、煮ると茶色で、ほくほくしてとてもおいしい。やえちゃんにもらった茶豆の種や種じゃがいもは、おいしい。きっと何世代もが谷相の土や気候に触れて育ったからだろう。

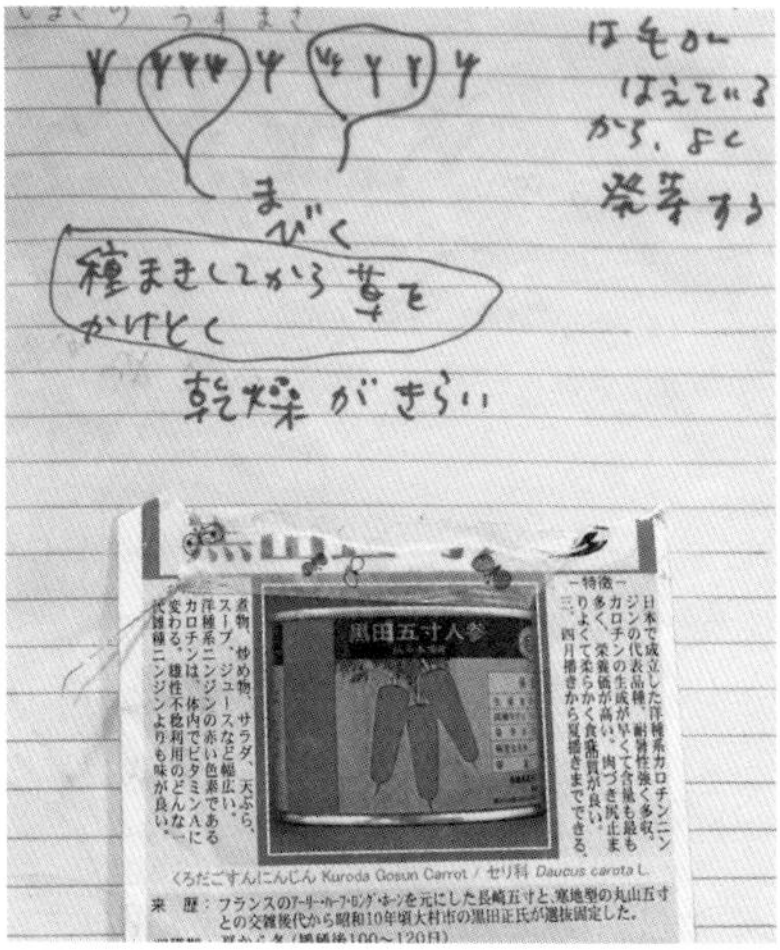

家庭菜園こそ自家採取しよう

野菜やお米の種はそもそも自然のもの。代々種が継がれることで、在来種や固定種という村の野菜の味がつくられてきました。野菜をつくり種採りすると、その土地の気候風土を記憶した種になり、発芽もしやすくなります。

家庭菜園では、自由に種を採り、じぶんの畑の種を継いでいきましょう。２０２０年種苗法が改正されました。日本の農産物を海外に開放しようとする動きのなかで、世界の種を独占販売する海外の大手の種の会社が、日本の種や食料自給を牛耳るようになってしまったらたいへんです。土さえあればより、種さえあれば、というわけには、いかなくなります。種は民衆のものです。たべることのきほんの種をだいじにしましょう。

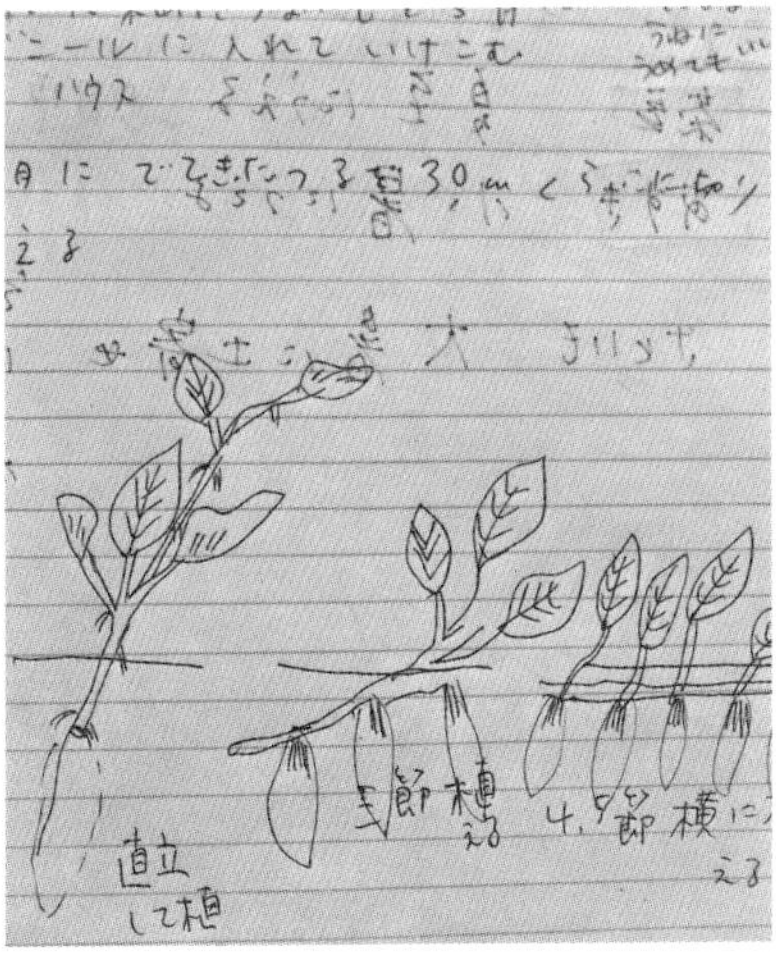

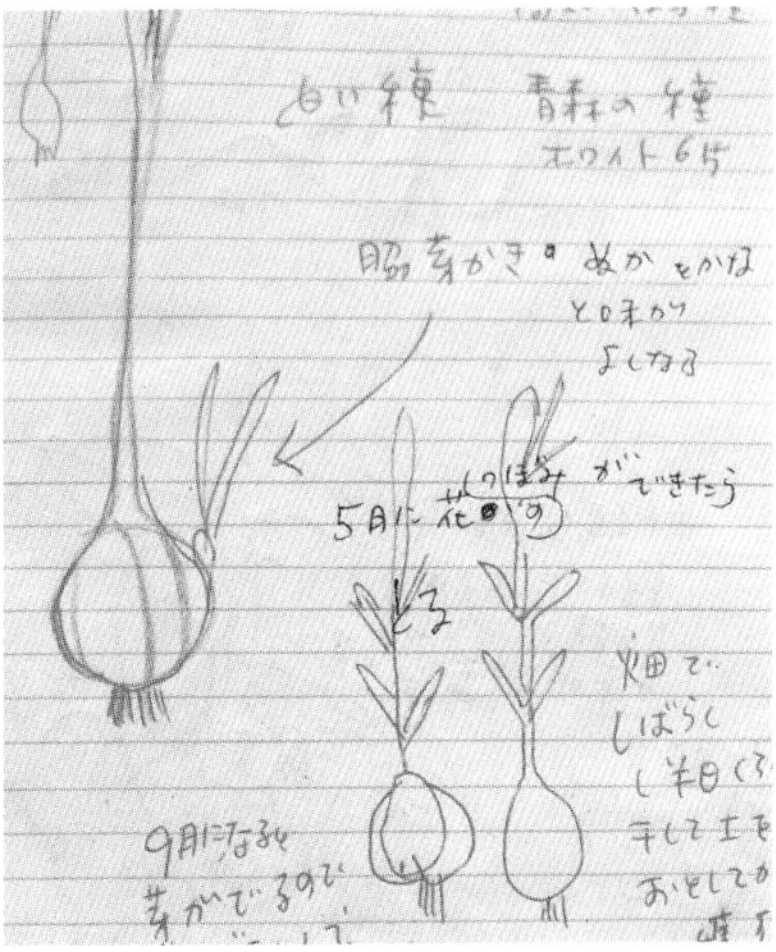

自然農のこころみ

耕さず、肥料もいれないで（おぎないで米ぬかをいれる）、野菜をつくる「島の自然農園」（youtube）を弟子のさおりちゃんから教えてもらってみています。草は栄養になるので根元にしいたりするのをわたしの畑でも試みました。耕さず、しいたけの菌床をいれるだけで、ふかふかになりました。しょうがや里芋もほとんどお世話しないで、りっぱな収穫です。耕さないことで、耕運機とガソリンがいらなくなりました。ものつくりも、手をかけずともいいものができることがあります。おなじような思想で、やらないですむことをやめるっていう気もちがかんじんだと知りました。

梅干しの手帖

梅干し

□**材料**（つくりやすい分量）
- 完熟梅…5kg
- 塩…600g
（梅の重量の12%）
・焼酎…適量

○**赤しそ用**
- 赤しそ…3束
- 塩…50g

□**つくり方**

①梅は洗ってざるに上げ、乾燥させる。へた、おへそのごみを竹串で取り除く。

②梅を漬けるビンやカメは熱湯をまわしかけて消毒し、乾かしてから焼酎でふいておく。

③ボウルに塩、焼酎をそれぞれ入れる。梅を焼酎、塩の順にくぐらせてビンに入れ、ボウルに残った塩もふり入れる。

④梅の重さの2倍の重しをする。丸一日たって梅酢が梅干しよりも上がってきたら重しを外し、梅干しが梅酢に浸かった状態で保存する。

⑤赤しそはよく洗い、枝から葉を摘み、ざるに入れてかげ干しする。水気がなくなったら大きなボウルに入れ、塩と合わせてよくもむ。アクをよく絞ったら④のビンに入れる。

⑥夏の土用明けなど晴れた日に梅を干す。日中一度は上下を返し、1日目は梅酢の入ったビンにもどす。2日目、3日目は夜干しする。しそも一緒に干し、乾燥したらフードプロセッサーで粉砕してゆかりをつくる。梅酢はそのまま料理に使う。

□メモ

黄色く熟れた梅でつくります。すぐに食べてもおいしいですが、種の成分アミグダリンが出てくるので、3か月〜10年以上でも、保存用として残しておくのもおすすめ。残った梅干しは梅醤に。

梅酒

□**材料**（つくりやすい分量）

- 青梅…2～3kg
- まんこい（黒糖焼酎）
  または三岳…1.8ℓ
  （好みの35度の焼酎）
- 氷砂糖…500～1kg

□**つくり方**

①～②は梅干しと同様。

③密閉できるビンに氷砂糖と梅を交互に入れ、焼酎を加える。

④3か月～1年保存して、琥珀色になったらいただく。

□**メモ**

青い梅を好きな焼酎で漬けます。暑い夏の日アイスピックで割った氷と炭酸でうすめていただきます。梅の青い香りは格別のおいしさ。あんずを1個いれると甘い香りになります。

梅ジュース

□**材料**（つくりやすい分量）

- 青梅…5kg
- 砂糖…3～4kg

□**つくり方**

①～②は梅干しと同様。

③密閉できるビンに砂糖と梅を交互に入れ、最後は梅が隠れるように砂糖を入れる。

④梅シロップが出てきたら、ビンをゆすって砂糖をとかす。

⑤1か月したら梅を取り出し、シロップを加熱して再びビンに入れ保存する。

□**メモ**

子どもたちの大好きな梅ジュース。小さな手は梅のへたをとるのが得意です。梅をたくさんからだにとりいれると、からだがアルカリ体質になりじょうぶになります。

梅醤《うめびしお》

□**材料**（つくりやすい分量）

- 梅干し…1kg（裏ごしして800g）
- 砂糖…300～400g
- みりん…100cc

□**つくり方**

①梅干しは、水に一晩浸して塩抜きする。ざるに上げて、水気をよくきる。

②梅干しの種を取り除き、ミキサーにかけてザルで裏ごしする。

③土鍋か琺瑯の鍋に入れ、砂糖（好みで加減する）とみりんを加えて弱火で15分ほど煮つめる。

⑤あら熱が取れたら、梅干しの②のように消毒した保存ビンに入れる。

□**メモ**

塩抜きの時に少し塩味をのこすこと。冷蔵で1年は保存できます。鍋や揚げもの、手巻き寿司に。わが家では梅干しよりも人気。とくにすっぱいものが苦手な男の人に好まれます。

あとがき

わたしがそら豆になる

土って、すごくちからのあるものです。土に触れてみてください。土は、あたたかく、うれしくて、いつくしみのあるものです。

こうして一粒のそら豆の種まきをすることで、わたしは、ほつれがとかれたように、どんどん、ひらかれてきました。土に触れることで、わたしのこころとからだがすっかり解放されたのです。

そら豆の種まきをして、畑で育て、たべます。すると、わたしがそら豆になるようなアニミズム的な感覚がありました。でもこの感覚は、どうやらほんとうだったんです。

「生命と食」福岡伸一著によると、ルドルフ・シェーンハイマーという科学者がネズミにたべものを与え、そのたべものがネズミのからだのどこへいくのかしらべた実験があります。

たべものの分子は、なんとネズミのからだのひふや脳や筋肉や消化器官や血液や内臓のいちぶになりました。たべものが、単なるカロリー源だったら、うんちになってすべて外にでるはずです。

だからそら豆の分子がわたしのからだのいちぶになったのです。入れ替わった分子はうんちになったということです。

たべることは、わたしのからだに、そら豆みたいなほかの生きものが、たえずはいって、入れ替わっていることです。わたしのからだと思ってるけど、ほかの植物や動物の生命によってわたしのからだはつくられているのです。

そして、田んぼや畑で種まきしてわかったことは、たべることは地球のおおきな循環の輪のなかにあることです。ことばでわかるんじゃなくて、からだでわかったのです。だからこそ、わたしのからだは畑や田んぼとつながる。地球とつながるから、うつくしい環境をだいじにするのです。

さいごに、気もちの循環がいちばんだいじです。おいしいという、うれしい気もちは、みんなに循環するからです。

立春の日に　早川ユミ

早川ユミ | Yumi Hayakawa

高知の谷相に住む布作家。夫である、陶芸家の小野哲平とともに家族と暮らしている。家族に食べ継がれてきたごはんのおいしさが、訪ねる友人や知人たちによって評判となる。棚田の広がる大地に畑や田んぼ、小さな果樹園をもち、アジアの手織り布や山岳少数民族の布などで衣服をつくりながら育んでいる。旅するように、全国各地で展覧会やワークショップを開催。著書に『種まきノート』『早川ユミのちくちく服つくり』（以上アノニマ・スタジオ）、『からだのーと』（自然食通信社）などがある。

http://www.une-une.com/

Blog http ://yumi.une-une.com/
Twitter @yumi_hayakawa
Facebook yumi.hayakawa.184
Instagram @yumi_hayakawa24
YouTube ［種まきびとチャンネル］

畑ごはん

—

ちいさな種とつながる台所

2022年3月30日　第1刷発行

著　者　早川ユミ

発行者　濱田勝宏

発行所　学校法人文化学園 文化出版局
〒151-8524 東京都渋谷区代々木 3-22-1
電話 03-3299-2487（編集）
03-3299-2540（営業）

印刷・製本所　株式会社文化カラー印刷

文化出版局のホームページ　http://books.bunka.ac.jp/

料理・エッセイ・絵／早川ユミ

ブックデザイン／サイトヲヒデユキ

撮影／新居明子
（表紙、P.5、8〜10、12、14〜21、28、30、32下、36〜45、54下、62〜69、82〜90、91中、92、99、110〜122、126下、奥付）
井上まさお
（P.6、7、13、29、46、58下、59、60、92下、93左）
きょう・よく
（P.22〜27、31、34、35、47〜58、70〜79、91、93右、94〜97、100〜105、107〜109）
まりぽん
（P.32〜33、97上、106、124、125）

レシピ原稿整理／山形恭子

レシピ作成／ハタナカイクヨ（好好食飯店）

早川ユミアシスタント／鶴岡さおり、まりぽん

校閲／武 由記子

編集／鈴木理恵（TAND）
三角紗綾子（文化出版局）